Christian Mehlis

Der Rhein und der Strom der Kultur im Mittelalter

Christian Mehlis

Der Rhein und der Strom der Kultur im Mittelalter

ISBN/EAN: 9783743390669

Hergestellt in Europa, USA, Kanada, Australien, Japan

Cover: Foto ©ninafisch / pixelio.de

Weitere Bücher finden Sie auf **www.hansebooks.com**

Der Rhein
und
der Strom der Cultur
im Mittelalter.

Von

Dr. C. Mehlis.

Mit einer Karte des Rheinthales (um 1300).

Berlin SW. 1877.
Verlag von Carl Habel.
(C. G. Lüderitz'sche Verlagsbuchhandlung.)
33. Wilhelm-Straße 33.

Das Recht der Uebersetzung in fremde Sprachen wird vorbehalten.

Strom und Cultur! sinnend vergleicht der Forscher den fluthenden Strom des Gewässers mit dem strömenden Lauf der Geschichte. Beide entstehen aus kleinen Anfängen, beide wachsen durch viele kleine einmündende Wasserfäden; doch die erste Hauptquelle giebt, so viele andere auch zur Vergrößerung beitragen mögen, die Hauptrichtung dem Rinnsale an, und dem Meere und der vernichtenden, auflösenden Zukunft eilen Beide zu — der Strom des lebenden Wassers und der der erwachsenen Cultur.

Aber nicht nur im Entstehen, Wachsen und Vergehen liegt der Aehnlichkeitspunkt zwischen Natur- und Menschenwerk; er liegt noch tiefer.

Beachte, o Wanderer, das Leben des Stromes! Jetzt liegt seine Fläche ruhig vor dir, es winken die hüpfenden Wogen, es lachen ringsum die herrlichen Fluren, und die Sonne bestrahlt ein gesegnetes, reiches Gelände. Doch plötzlich umdüstert sich der Himmel, Regenwolken ziehen herauf, in den Hochalpen schmilzt Firn und Gletscher — und tosend und brausend wälzt der für immer gebändigt erschienene Strom seine schwellenden Fluthen einher, durchbricht die von Menschenhand künstlich gesetzten Bande, und weithin liegt das Ackerland begraben unter dem Sturze der Wildwasser. Jahrelange Arbeit muß das Land von Geröll und Flößsand reinigen, oder gar jene Halde liegt für immer begraben unter dem centnerschweren Gestein, das der Wildstrom hertrug auf den empörten Wogen von des Südens Alpenbergen. Der

Strom hat Tage der Umwälzung, der rohen Gewalt, der raschen Aenderung, des wettergewaltigen Umschlags gar manche auf den Blättern seiner Entwicklung, und gerade so auch in der Geschichte der Strom der Cultur.

Die Göttin der Historie liebt auf dem Schachbrette, das die Welt bedeutet, nicht nur das allmähliche langsam vordringende giuco piano zu spielen, sie setzt auch im Taumel der Leidenschaft, im Drange des Kampfes, gar manchmal eine kostbare Figur auf's Brett, die sie von vorn herein für verloren giebt. Thaten wollen ihre Opfer haben, und auch die Geschichte und ihre Entwicklung kennt deren genug, gleich dem eingedämmten Strome, der plötzlich die Riegel nach West und Ost durchbricht und Land und Leute — ein rasender See — als Opfer verschlingt.

Strom und Cultur — eure gleichen Bahnen erschaust du, o Wanderer, besonders an des Rheines Gestaden! —

Nicht war es ein instinktiver, unbewußter Zug, der die Stämme Germaniens hindrängte an die großen Barrièren der Cultur, an den Rhein und an die Donau, — der sie aufforderte, mit immer neuem Speerstoße den lebendigen Leichnam des römischen Reiches im Verlaufe des 3. und 4. Jahrhunderts n. Chr. zu immer schwächern Zuckungen, zu einem letzten militärischen Scheinleben zu erwecken — solche Unbegreiflichkeiten kennt die Völkergeschichte nicht, — es war ein festbewußter Zweck, der Alemannen und Franken, Burgunden und Chatten aufbrechen ließ nach dem schönen Westen, nach dem reichen Süden.

Wohl mochte im Osten von der Elbe und Oder her der Sarmate die letzten Germanen drängen nach Italien's Gauen die kühne Reckenfahrt anzutreten, und aus demselben Grunde, gedrängt im Rücken, mochten Vandalen und Alanen in der Jahresscheide von 406 auf 407 am Rheine die heiße Schlacht ihren eigenen Brüdern, den Franken geliefert haben; doch den ständigen Zug, das immerwährende Andringen, die Eidgenossenschaft zum Zwecke der Eroberung erklären solche Thatsachen nicht. Die verbündeten Stämme am Oberrhein, die sich Alamannen nannten, und die vereinigten Völkchen des Mittel- und Niederrheines, die sich den Namen Franken gegeben hatten, stürmten nicht, wie der Vandale, in blinder Zerstörungswuth vor, die Freund und Feind, Gut und Blut nicht schonte, sondern ihre Vorwanderung bestimmten die Lockmittel der Cultur, die an des Rheines grünen Fluren ihnen entgegenglänzten.

Dort winkte den armen Germanen, die, wie alle niederen Völker, Liebe zum Schmuck in sich trugen, und als Krieger besonders nach den Stahlhelmen und Bronceharnischen der Wälschen verlangen mochten, neben rebenbepflanzten Hügeln, neben wohlangebauten Getreidefeldern die ganze Pracht des nach den rheinischen Gestaden ausgewanderten Südens. In Argentoratum waren die glänzenden Waffen- und Schmuckläden. Die Colonia Agrippinae und Mogontiacum prangten mit den Palästen der römischen Großen, und im prunkvollen Augusta Trevirorum winkte die hohe Porta nigra,[1]) des großen Constantin Denkmal, und des Circus Freuden mochten auch den Frankenfürsten anlocken und den Edeling zum Mitbesitze anreizen.

So waren es ganz concrete Gründe, ganz greifbare und materielle Ursachen, die den Ansassen der Lahn und des Neckar, den Hinterwäldler vom Strande der Eder und der Kocher, dazu brachten nicht zu ruhen und zu rasten, bis daß die Römerwälle darnieder lagen, und bis statt des wälschen Präfekten der Stammesherzog im Lande der Ubier und im Gebiete der Vangionen gebot.

Das wohlangebaute Land, die Rebenfluren, der Schmuck der Städte, das waren die Lockmittel, die den habsüchtigen Franken und den trotzigen Alemannen aus ihren Wäldern herzogen an den reich geschmückten Culturstrom, der vor den Augen ausgebreitet lag.²)

Zwar, wie es im Kampfe von Barbaren gegen die Cultur stets zu ergehen pflegt, im ersten Ansturm, in der ersten Erobererfreude ward gebrannt und geplündert. Da gab es die Schreckensscenen, die bei jeder gewaltigen Umwälzung der Geschichte sich ereignen, und Brand und Mord, Raub und Plünderung hausten wie Furien in den rheinischen Städten.

„Mainz, einst eine edle Stadt, ist genommen und zerstört, und in der Kirche ließen viele Tausende von Menschen ihr Leben. Worms ging nach langer Belagerung zu Grunde. Speyer und Straßburg sind verpflanzt nach Germanien." So klagt der Kirchenvater Hieronymus. Und in einem anderen Briefe schreibt er: „Wie viel würdige Frauen, wie viel Gott geweihte Jungfrauen wurden diesen thierähnlichen Menschen zum Spotte! Bischöfe wurden fortgeschleppt, Priester erschlagen, Kirchen umgestürzt, Pferde an die Altäre Christi gebunden, Gebeine der Märtyrer hervorgewühlt!³)

Der Kaisersitz an der Mosel, Trier, wurde in drei Verheerungen nach einander von den Franken zerstört, und Salvianus giebt uns in seiner Schrift „über Gottes Weltregierung" ein anschauliches Bild von dem Gräuel der Verwüstung und der durch nichts auszurottenden Zügellosigkeit und Verworfenheit der römisch-gallischen Bewohner dieser Stadt.

„Die wenigen Vornehmen, die von den Schrecknissen des Brandes und der Plünderung übrig geblieben waren, schreibt der Kirchenvater, verlangten, gleichsam als Haupttheilmittel für die Stadt, Spiele im Circus von den Kaisern. Oeffentliche Spiele verlangst du, Treverer? Wo sollen sie gehalten werden? Ueber Brandstätten der Todten und über Aschenhaufen? Ueber den Gebeinen und dem Blute der Erschlagenen?"⁴)

Die Zerstörung war im Rheinlande so vandalisch, daß nach Ammianus Marcellinus, einem Augenzeugen, bereits Julian im 4. Jahrhundert am ganzen Rhein nur einen noch stehenden Thurm bei Rigomagus = Remagen antraf.

So sah es im Laufe des fünften Jahrhunderts an den einst so blühenden Landen am Rheine aus. Die prächtigen Landsitze der Römer in Trümmern, die Porticus verfallen, die Bäder eingestürzt. Ein fränkischer Landmann benutzte hier und da noch die regelmäßigen Mauersteine, das eingezäunte Gehöfte für seinen Bedarf. Neues Leben auf Ruinen! Und in den Städten: in Augusta Rauracorum, in Mogontiacum, in Colonia Agrippinae, in Bingium, in Nemetae und in hundert andern, da lagen die Mauerkronen gestürzt, die Thüren gebrochen, in den glänzenden Tempeln zierten den Mosaikboden die zerworfenen Trümmer der Götterbilder, und in einem oder dem anderen Sacellum mochte wohl ein christlicher Priester die wenig besuchte Messe lesen. Das Forum ist verödet, in der Gerichtshalle wächst Gras, und an den Säulen sind die Rosse der fränkischen Krieger angebunden, die hier als spärliche Besatzung liegen. Ein dies irae war angebrochen!

Nur wenige Städte am Rhein hatten die Verwüstung durch Franken und Alemannen, Vandalen und Hunnen einigermaßen überstanden. Am Niederrhein war es das heutige Cöln, die ehemalige Hauptstadt der römischen Provinz Germania secunda, die 355 durch die Franken erstürmt wurde, und wie die Legende von der h. Ursula und den 1100 Jungfrauen in Verbindung mit einer Nachricht des Sidonius Apollinaris zeigen möchte, auch von Attila nicht unberührt blieb. Allein Mitte des 5. Jahrhunderts nach Vertreibung des letzten römischen Statthalters Egidius ward es der Sitz des Frankenkönigs Childerich und blieb seitdem ständig in den Händen der Niederfranken. König Sigbert schon, den

Chlodwig ermorden ließ, hatte dort seine Burg und seine Schätze. ⁵)

In Obergermanien war es der altkeltische Waffenplatz, Argentoratum, das „Haupt Deutschlands," das die Stürme der alemannischen Verwüstung siegreich überbauerte. Bereits im 6. Jahrhundert finden wir es als Stratburg = Straßenburg am alten Platze, und Gregor von Tours erwähnt, daß Childebert II., des Königs Sigbert von Austrasien Sohn, im Jahre 589, unterhalb des Bannes der Stadt, die sie Strataburg nennen, sich verweilt habe. ⁶)

Bei dieser theilweisen Fortbauer kann die römische Bevölkerung in den Ruinen der alten Städte nicht völlig untergegangen sein. Auch in solchen Centren, wie Mainz, die scheinbar völlig der rohen Faust der „Völkergeißel" zum Opfer fielen, wird sich ein Theil der Bevölkerung trotz aller Drangsale erhalten haben. Mochten auch hier, wie in Trier, Coblenz, Worms besonders die römischen Großen und reichen Grundbesitzer den habgierigen Beutemachern zum Opfer fallen, oder dieselben nach Abzug der römischen Besatzungen vom Rheinland unter Stilicho mit nach dem Süden, nach Italien gewandert sein, wie in den Donaulanden, — ein Grundstock der Bevölkerung, ein Theil der niederen Klassen, Sklaven und Hörige, Handwerker und Techniker werden sich erhalten haben. Wie die zahlreichen Namen auf Inschriften beweisen, Namen wie Iont, Iossa, Laitil, Cek, Ahus, Opo, Oti, Paiis, Pxun, Tocca, Viian u. A. gehörten diese Töpfer und Ziegler von Mainz, diese Schmiede und Metallkünstler von Straßburg, zum wenigsten der römischen Bevölkerung an. Entweder vom gallischen Stamme oder noch älteren Ursprunges, Turanier oder Iberier, waren sie seit vordenklichen Zeiten innerhalb ihrer vier Pfähle, als rechte Pfahlbauern am Rheine geblieben und hatten in den Zeiten der Gallier und der Römer und jetzt der Franken und der Alemannen ihre Ziegel geformt, ihre Backsteine getrocknet, ihr Bronce gegossen und ihr Eisen geschmiedet.⁷) Was sollte der stolze fränkische Edeling anfangen ohne seine geschickten Hörige und Sclaven, die ihm der Boden lieferte, den er kraft des Rechtes seines Schwertes mit Gewalt eingenommen hatte? Der Herr verstand nur zu jagen und zu streiten; sein Hausgeräth und seine Waffen herzustellen, den Estrich zu plätten und die Mauersteine zu brechen, das Vieh zu hüten und die Botschaft auszurichten, dazu standen Niger und Rufus, Matto und Calvus, und wie sie Alle heißen die Haus-sclaven, bereit.

Einen bedeutenden Theil der rheinischen Bevölkerung machten diese Hörigen und Sclaven aus, die theils aus Römerzeiten noch bestanden, die theils der freie Franke schon mitgebracht hatte von den Höhen seiner alten Heimath im Thüringerlande und den Thalungen der Sieg und der Lahn. Sie bildeten später die Grundlage der deutschen Handwerker und des dritten Standes.

Wichtige Innungen waren für den Rhein als Verkehrsader die Verbände der Schiffer in den Hauptcentren am Strome. Daß ein solch' wichtiges Gewerk wie das der Ferchen und Schiffer selbst in den schlimmsten Perioden der Völkerwanderung ausgestorben sein sollte, ist höchst unwahrscheinlich, und nur durch Annahme der Fortexistenz solchen Gewerbes erklärt sich mit die Erhaltung von Städten wie Cöln und Straßburg während der Vernichtungsscenen des 5. und 6. Jahrhunderts. Diese Innungen bildeten den Grundstock für die Weiterbetreibung des Wasserhandels, nachdem der zu Lande auf den alten Römerstraßen bei der Unsicherheit der Zustände und den Einfällen räuberischer Horden längst zu Grunde gegangen war. Die Schifferei trieben auch die Germanen; brangen die Friesen im Wiedererwachen der Cultur ja vor von der Nordsee bis nach Speyer und Worms um den Handel mit Wein und Tüchern zu monopoliſiren;⁸) und benutzten doch einſt die Alemannen bei einer Flucht zur Ueberfahrt über den Rhein ihre freilich etwas großen Schilder. Am Oberrhein trafen ſich die Chauken = Frieſen von der Nordſee mit den waſſerbichten Sueben = Alemannen des Südens.⁹)

Enthielten die rheiniſchen Städte alſo eine vielfach mit fremden, allophylen Elementen geſchwängerte Bevölkerung, ſo war die Landbevölkerung, wenigſtens die beſitzende, anders zuſammengeſetzt. Nehmen wir eine Karte der Rheinlande und beſehen uns die Namen der Orte, die in ihrem Banne liegen, ſo treten uns in den nördlichen Gebieten meiſt Ortſchaften entgegen, die ſich auf heim, hauſen, bach, dorf, feld, ſcheid, born ꝛc. endigen. Dazwiſchen allerdings auch ſolche mit römiſchem Urſprunge. Die erſteren ſind im Ganzen die Gründungen der fränkiſchen Stämme, die am Mittelrhein in compakten Maſſen bis an die Queich und an die Murg reichen. Dann ſtoßen wir auf Fluren mit anderen Endungen; an die Stelle des fränkiſchen heim tritt das ſchwäbiſch=alemanniſche ingen, und ihm ſchließen ſich an weiler, hofen, ach, bronn, beuren, ſtätten, wang.

Allerdings werden beſonders am Mittelrhein die Grenzen überſchritten, beſonders im Hinterlande an der Saar und an der Moſel, wo die alemanniſchen Orte auf weiler, vilre und ingen bis an die Nahe reichen, während im fruchtbaren Rheinthale die Herren von heim und hauſen nach der Siegesſchlacht über die Alemannen bis an die Lauter und an den Neckar vorrücken, und mit ihnen fränkiſcher Adel und fränkiſches Landvolk, fränkiſcher Klerus und fränkiſche Art ihren Einzug hielten im alten Alemannenlande.¹⁰) Auch die archäologiſchen Entdeckungen am Mittelrhein, die Auffindung der fränkiſchen Reihengräber von Selzen und Alsheim, von Monsheim und Grünſtadt, von Sponsheim und Oſthofen, von Oppenheim und Oggersheim beweiſen,

daß die Rheinebene von einem wesentlich gleichartigen ackerbau-
treibenden Stamme occupirt wurde, unter dem verhältnißmäßig
wenig fremde Elemente sich befanden.[11]) Mit der alten germanischen Bevölkerung der Ubier und Vangionen, der Nemeter und
Triboccher einten sich die neuen Einwanderer bald zur compakten
Einheit; die römischen Veteranen auf dem Lande waren entweder
schon längst in die Städte gewichen oder waren in den Stürmen der
Völkerwanderung zu Grunde gegangen. Die fränkisch-alemannischen
Ackerbaucolonien hatten im Rheinthale Ende des 5. Jahrhunderts
vom Culturlande Besitz ergriffen und theilten die Wälder und
rodeten den Forst.[12])

Und in den Burgen der Wälschen, die übrig geblieben waren,
auf den Einzelhöfen und in den Castellen der kleineren Ortschaften,
da saßen und herrschten die fränkischen und alemannischen Edelinge und sandten ihre Söhne in die Pfalzen der Könige zur
standesgemäßen Ausbildung, und die Nachgeborenen erbten den
Krummstab, dessen Besitz unterdessen ein ersehnter Artikel geworden war.

Das Christenthum hatte sich am Rheine wohl an einzelnen,
besonders begünstigten Orten erhalten, so in Trier und Cöln
durch die Zeiten der Bedrängniß bis in das 5. Jahrhundert.
Allein der Eifer, den die Bischöfe, vielfach versunken in die Ver-
derbniß der gallischen Kirche, für die Mission unter den Ripuariern
und Austrasiern, den Alemannen und den Chatten entwickelten,
war zu gering, als daß das Christenthum damals vielfach noch
etwas Anderes gewesen wäre als ein leerer Schall und oft ein
mißbrauchter Deckmantel.[13]) Um dem Volke als solchem den Geist
der neuen Friedensreligion zu bringen, um bei ihnen an die Stelle
Wodan's den Christengott und an die Sigfrid's die Person des
Kreuzträgers zu setzen, waren andere begeisterte Werkzeuge nöthig,
als solche wie Bischof Rusticus von Trier oder Bischof Hildegar

von Cöln.[14]) Unter dem Krummstab hatten sich bis jetzt manche Römlinge aus den alten romanischen Familien der Römerstädte am Rhein geflüchtet und führten oftmals das alte Leben mit neuem Namen fort. Das Regiment von Herrschern wie Chlodwig und seiner Nachfolger benutzte die Kirche als Werkzeug.[15]) Ein neuer Geist mußte kommen, die Nachwehen des verkommenen Römerthums auch in der Kirche auszurotten.

Auf den Inseln Großbritanniens hatte sich die christliche Kirche in ihrem alten urchristlichen Zustande rein erhalten, und von Irland und Schottland zogen jene „Männer Gottes," die Culbeer, (irisch keli De, daher lateinisch Kelledei, später Culdei) aus dem versunkenen Festlande die reine Lehre und die Mission zu bringen. Aus den Cönobien im grünen Irland wanderten mit der Cambutta, dem Pilgerstab, Glaubensboten wie Fridolt oder Fridolin Anfang des 6. Jahrhunderts in das Rheinthal und gründete Cönobien = christliche Niederlassungen in Lothringen und im Elsaß, in Burgund und in Rhätien. Ihm folgte Ende des 6. Jahrhunderts Columban und predigte an Childebert II., des Frankenkönigs Hof das lautere Evangelium. Im Waskenwalde gründete er drei Cönobien; der wilden Brunhilde — der Typus des fränkischen Namenchristenthums jener Zeit! — Intriguen bannten ihn aus dem Frankenlande. Nach dem Siege Chlotar's über jene schöne Megäre wandte sich die Stellung der irischen Mission zur römisch-fränkischen Landeskirche. Columban's Schüler Gallus und Attala, Eustasius und Pirminius überzogen bald das ganze Frankenland von der Nordsee Strande bis an des Bodensee's Wellen, von Fontanella an der Seine bis auf das Inselkloster zu Reichenau mit geistlichen Niederlassungen, Centren der Cultur, Kunst und Humanität.

Die Vertreter dieser reformirten Kirche standen als Berather neben den merowingischen Königen, sie traten häufig als Landesbischöfe in die Landeskirche, sie gründeten selbst eigene Bisthümer wie zu Augst bei Basel und zu Epternach bei Trier. Im Laufe des 7. Jahrhunderts finden wir am ganzen Rhein in den Bischofssitzen diese reformirten Geistlichen, diese Lichtspender für Fürst und Volk, die Schulen anlegten und die Wissenschaft pflegten, herrschend. So zu Cöln und Utrecht, zu Worms und Speyer, zu Mainz und Straßburg, zu Weißenburg und Lorsch, jenen nachher hochberühmten Abteien, von denen die erstere am linken Rheinufer als Hochschule der Dichtkunst wirkte, die andere das Reichsarchiv der Karolinger und die Schule der rheinischen Geschichtschreiber wurde.

Von der Linie des Rheines aus haben dann, gesichert im Rücken und den Strom als Rückzugslinie benutzend, die Culdeer zu allen deutschen Stämmen das Christenthum gebracht. Kilian wirkte in Würzburg und Thüringen; in Regensburg und Bayern predigten Rupert und Corbinian; die wilden Alemannen bekehrten Trudpert und Pirminius; im Friesland lehrte die Friedensbotschaft der Friesenapostel Willebrord. Im Jahre 720 bestand am Rhein eine romfreie Kirche, war durch sie das Wort des Glaubens zu allen deutschen Stämmen gedrungen von der Linie des Rheinstromes aus. [16])

Mit der Missionsthätigkeit der Irländer und Schotten, an die sich schließlich die des Winfrid anschloß, der im Auftrage Rom's handelte und die Gemeinden und Bisthümer Deutschlands als Metropolitan von Mainz mit Roma verband, [17]) zog die erste Spur frisch erwachender Cultur in die Herzen der trotzigen Franken und Alemannen ein. Von den kleinen Cönobien, von den unbewaffneten Mönchen aus, die mit dem Evangelienbuch und dem Pilgerstabe in der Hand die Wälder durchzogen, ging das Samenkorn aus, das zu einer neuen Cultur, zur christlich-germanischen den Grund legte. An ihren Sitzen wurden die Waldungen gerodet,

Obst- und Weinpflanzungen angelegt, Gartenpflanzen cultivirt, Bücher abgeschrieben, Unterricht ertheilt, Ackerbau und Technik, Kunst und Literatur gepflegt. Durch reiche Schenkungen mehrten die Könige der Franken, die Herzöge und Fürsten, die Edelinge und Freien das Gut der Kirchen und Klöster. Bald drängten sich Söhne vornehmer Familien zu den Kirchenwürden heran, und bald war der land- und güterreiche Klerus in der Pfaffengasse, dem Rheinlande, in der Lage, an Macht und Einfluß mit den weltlichen Großen zu rivalisiren. Ein neues Rom begann zu herrschen am Rhein; durch den Geist nicht minder mächtig, als das erste durch Waffen.

So hatte sich nach dem Untergange römischer Herrschaft allmählich das Rheinland mit vielfach neuer Bevölkerung gefüllt, waren die festen Zwingburgen am Ober- und Niederrhein gefallen, waren die römisch-gallischen Colonen den fränkisch-alemannischen Ansiedlungen gewichen, waren die Herzöge und Edelinge an die Stelle der Präfekten und Patricier getreten, waren die alten Götter Jupiter und Mercur, Wodan und Donar gestürzt, waren neue Gottheiten, neue Ideen, neue Lebenskeime in die alten Gaue eingezogen.

An Stelle der römisch-gallischen Staatseinheit und Waffengewalt trat die Individualität der deutschen Stämme geeint vom frisch erwachten Geiste des Christenthums, das allen Ständen Freiheit und Brüderlichkeit anempfahl und versprach. Es war so eine wesentlich auf anderen ethnologischen Faktoren beruhende Bevölkerung, die sich jetzt im Laufe des 5. bis in das 9. Jahrhundert in den alten Culturfitzen bildete, als es die zu Römerzeiten gewesen war, wenn auch ein Theil der alten Volksreste, der Romanen und Gallier, geblieben war. Und der Freiheitssinn der Alemannen, die Selbstständigkeit der Oberfranken, der Bildungstrieb der Niederfranken waren unter dem Hochdrucke christlicher Lebensanschauung und abhängig von den Lockmitteln des Verkehrs, welche die Lage des Rheinthales mit seinen natürlichen Centren und seinen anziehenden Produkten, wie ähnliche in Europa nur das Donauthal darboten, die Ingredienzien, welche das Rheinthal und besonders die Gaue vom Bodensee bis nach Cöln zum geistigen und materiellen Centrum Europa's für fast ein Jahrtausend erschufen.

Kaiser und Könige, Bischöfe und Städte wetteiferten, den alten rheinischen Culturboden mit neuen Lorbeeren, mit neuen Bauten, mit Handelsstraßen und stolzen Burgen, mit weiten Markthäusern und gedehnten Stapelplätzen zu überziehen, und vom Rheinlande aus gingen fast ein Jahrtausend lang die hellen Strahlen, die bis an die Ostsee und in die Sarmatenländer das Licht der Cultur, die Waffen des Geistes und der Macht trugen.

Vor Allem erwuchsen unabhängig von den Launen der Merowinger und der Zwingkraft der Karolinger, die in erster Linie auf ihres Hauses und der Kirche Blüthe bedacht waren, von Neuem am Rhein die Sitze künftiger bürgerlicher Freiheit — die Städte, zuerst die Schoßkinder der Kirche und der Bischöfe, bald ihre mündigen Kinder.

Zweierlei war für die Fortexistenz der alten Centren und für die Neuerstehung solcher maßgebend; die allgemeine topographische Lage und die Bevölkerungselemente, aus denen sie sich rekrutiren konnten.

Im Allgemeinen lud besonders der Bodensee mit seinen geschützten Ufern sowie die linke Seite des Rheinthales zur Ansiedlung ein. Das rechte Ufer des Rheins besitzt weniger Fruchtland, viele Sandflächen und ist im Allgemeinen niederer und sumpfiger als das gegenüberliegende. Dann aber kam das ethnologische Moment dazu, daß die Alemannen, die auf dem rechten Ufer compakt saßen, in ihrer Abneigung vor solchen Menschenpferchen die Liebe zu den bäuerlichen Verhältnissen sich erhalten hatten. Keine der ansehnlichen Römerstädte auf dem rechten Rheinufer, sagt deshalb Haustrath mit Recht, [18]) weder Lupodunum = Ladenburg, noch Aquae Aureliae = Baden, noch Brisiacus = Breisach, noch Tarodunum = Zarten, noch Sanctio = Säckingen haben die Bedeutung von Basel, Straßburg, Speyer, Worms und Mainz erlangt. Erst die Neuzeit mit ihrem nivellirenden Einfluß verlieh Fürstengründungen wie Carlsruhe, Mannheim, Darmstadt Bewohner und Einfluß, und erst die eisernen Schienen glichen in der Neuzeit die Nachtheile der rechten Rheinseite aus.

Während am linken Ufer die alten Verkehrscentren nur neu erblühten, waren es am rechten Ufer meist leicht zu festigende Punkte, die das Auge der Fürsten und Edelinge auf sich zogen zur Anlegung von Burgen und Castellen.

So entwickelte sich Freiburg im Breisgau trotz der günstigen Lage an dem Punkte, wo eine alte Handelsstraße von den Quellen der Donau in den Busen von Freiburg führt, erst spät; 'ein Herzog von Zähringen gründete es im 12. Jahrhundert.

Breisach, diese natürliche Festung, der spätere „Schlüssel des deutschen Reiches" erhielt als Centrum nie Bedeutung.

Baden in der Richtung der Straße, die nach dem alten Pforzheim, der Thüre des Schwarzwaldes (= Porta) führte, hat einen Namen nur als Sitz eines deutschen Fürstengeschlechtes, das sich von hier aus Rheinauf, Rheinab ausbreitete.

Rastatt in der Nähe eines der Hauptpässe des Schwarzwaldes gilt nur als Festung, als deckender Vorposten von Ulm und Mainz.

Heidelberg, am Neckardurchbruch gelegen, war wohl lange Zeit ein armseliges Fischernest, bis erst im 12. Jahrhundert die Pfalzgrafen beim Rhein den hervorragenden Schloßberg, der schon die Römer auf seinem Rücken gesehen haben mochte, zu ihrer Residenz erkoren. Von da an allerdings bildete die junge Stadt den politischen Mittelpunkt für die Kurpfalz, die den größten Theil des nördlichen Rheinbeckens umfaßte.

Carlsruhe, Mannheim, Darmstadt, Hanau sind erst Gründungen des 16. und 17. Jahrhunderts.[19]

Frankfurt allein am rechten Rheingestade, eine alte Furtstelle, wo die fränkisch=chattische Bevölkerung über den Main ging, der äußerste nördliche Punkt des Rheinbeckens, wo durch die Wetterau und das Kinzigthal hinauf die Landstraßen in das Innere Deutschland's führten, wo der Main mit großen Fahrzeugen ebenso schiffbar ist wie der Rhein, wo die ganze Tiefebene nach Südwesten dem Handel offen stand, mußte sich naturgemäß schon früh zu einem bedeutenden politischen und commerziellen Mittelpunkte entwickeln.

Ein Punkt, der mit mildem Klima ungefähr in der Mitte des ganzen langen Stromzuges des Rheines liegt, wo die Straßen von der Weser und der Elbe, der Donau und dem Main, dem Ober- und Niederrhein sich in natürlichem Mittelpunkte treffen, zog schon die Augen des großen Karolingers auf sich. An der Franconofurt gründete König Karl 794 eine Pfalz, die sein Sohn Ludwig 822 bedeutend erweiterte, betrieb von hier aus weltliche und kirchliche Geschäfte, sammelte von hier aus den Heerbann zu einem der letzten Sachsenkriege und begann den Ort als den wichtigsten Punkt am rechten Rheinufer zu betrachten. Frankfurt ohne Bischofssitz ist eine wesentlich politische Gründung, die ihren Ursprung nur auf die kaiserliche Pfalz zurückführt, und es verleiht dieser Umstand der gemeinheitlichen Ausbildung der Stadt besonderes Interesse. Doch innere Einrichtungen, sowie die Nachbarschaft von Mainz und Worms hinderten die commerzielle Entwicklung bis tief in das 14. Jahrhundert hinein.[20]

Anders sah es am linken Rheinufer aus. Da lagen die politischen, kirchlichen und commerziellen Centren vom Bodensee und Basel herauf bis hinab nach Cöln und Utrecht. Der Bodensee bildet die Verbindung einerseits zwischen dem Rheinbecken und dem Donauthal, andrerseits zwischen der Poebene und den nordalpinen Strichen. Die Pässe über den Splügen, Bernhardin, Lukmanier waren schon den Römern bekannt, und die Städte Zürich und Chur verdankten ihnen ihre Bedeutung.[21]) Bregenz und Constanz, alte Römerorte, vermitteln au den Endpunkten des See's und des Rheindurchflusses den Handel den Strom auf und ab, nach Südwesten in die Schweiz, nach Nordosten zur Donau.

Chur und Constanz sind alte Bischofssitze. Im hohen Rhätien ward ersteres unter fränkischer Herrschaft zum Bisthum erhoben. Von hier aus, der Capitale Graubündten[22]) führten die besuchten Alpenstraßen hinüber nach Chiavenna und Mailand, die Pässe über Lukmanier, Bernhardin, Splügen, Septimer, Julier. Schon der Glaubensbote Columban mit seinen Schülern wandelte am Lukmanierpaß über Gletscher und Schneefelder den Resten der Rhäto = Romanen in den Hochthälern das neue Heil zu bringen. Dieser Bergübergang ward nun die gebräuchlichste Straße der fränkischen Herrscher; Pipins Heer zog über dieselbe dem Papst Stephan III. zu Hilfe; Karl der Große holte sich auf diesem Alpenwege die Kaiserkrone, und die Lehrer und Künstler, die Handwerker und Techniker, die dieser große Culturbringer aus dem Süden kommen ließ, mögen mit manchem plastischen und metallenen Kunstwerke über die Felsenrücken des Lukmanier nach Ingelheim, Aachen und Frankfurt gewandert sein. Später mit dem Beginn des transalpinen Handels kamen die übrigen rheinischen Pässe in Aufnahme. Kein Strom Europas bietet ja so viele Alpenübergänge, die bei einiger Mühe praktikabel werden, als das Hochrheinthal; und während im ganzen Osten den Donauhandel nur Brenner und Semmering vermitteln, sind es seit alter Zeit hier im Westen fünf Punkte, wo der Verkehr vom Süden nach dem Norden wechselte.

Wie sich nun als Endpunkt für den Alpenverkehr Chur zu Chiavenna verhält, in demselben Verhältniß als erste Stapelplätze nördlich und südlich der scheidenden Grate stehen zu einander Mailand und Constanz. Beide Orte verbindet eine Gerade, gezogen durch die Rheinthalpässe; und die beiden Seen, der Lago Maggiore dort und der Bodensee hier nehmen die Rolle des gefälligen Lastthieres auf sich, die eine lange Strecke Menschen und Waaren billigst spediren.

Schon durch diese Betrachtung ergiebt sich die Wichtigkeit von Constanz [22]) als Stapelplatz für den Transithandel. Wer und was vom Rheinthal und den oberen Donauländern nach dem Süden wollte, mußte die Stadt am alemannischen Meere passiren, und die Römlinge, die von Vindonissa, dem zerstörten Römerplatze aus, nach der Seestadt wanderten, wußten recht gut, welch' weiten Sprengel mit Reichenau und St. Gallen sie hier beherrschen konnten.

Und wie Mailand eine Reihe gehorchender Städte um sich geschaart sah, so auch Constanz, als Haupt des Bodenseegeländes; Ravensburg, Ueberlingen, Bregenz gehören geographisch und handelspolitisch zum Handelsgebiete der alten Pfahlbauernstadt. Und weiter unten am wichtigen Rheineck, wo der rheinische Verkehr sich traf mit dem der Rhone und des Aarthales, wo das Rheinthor sich öffnet nach Südosten, da entwickelte sich nach dem Untergange des nahen Bischofssitzes Augusta Rauracorum aus dem kleinen Basilea das aufstrebende Basel. Hier lief die Straße, die von Locarno an den Vierwaldstättersee nach Luzern und Windisch führt, zusammen mit der, die von

Chur über den Bodensee und direkt längst der Linth über Zürich zieht. Von hier aus ging der Handelszug weiter die Ufer des Rheines hinab nach Straßburg und Freiburg, und von hier aus ward der Handel der oberrheinischen und oberschwäbischen Städte mit Frankreich und seinen Produkten vermittelt. Zu Basel war wie zu Straßburg und Mainz auch eine starke Schifferinnung zu Hause, deren drei Klassen je eine Woche die Thalfahrt nach festgesetzten Preisen für Personen- und Güterfracht versahen.[24] Von Anfang an vertrieben aber diese oberrheinischen Städte nicht nur fremde Waaren, sondern auch eigene Produkte, worunter man das Holz in verschiedener Gestalt und großer Menge in erste Linie stellen muß. Die Schwarzwälder Holzbauern mögen schon vor dem Jahre 1000 manchen Stamm in Mainz und Bingen geländet haben.

Für den elsässischen Verkehr, sowie für den weiteren Vertrieb der Waaren war die Lage Straßburg's wie geschaffen. Hier einte sich das betriebsame Illthal mit Städten wie Mühlhausen, Colmar, Schlettstadt; hier setzten die kleinen Städte des Elsaß ihren Ueberfluß an Getreide und Wein, an Wolle und Tuch um in Geräthe und Luxusgegenstände, welche die alte römische Waffenfabrik wohl noch immer zu liefern verstand — Straßburger Geschütz war ja im ganzen Mittelalter bekannt. Diese Landesprodukte, vor Allem der Elsässer Landwein, bildeten die Ausfuhrartikel für die starke Schiffahrt, die Straßburg bis nach Mainz hinunter beherrschte. Dazu kam der Transithandel von Basel und Cöln Rheinab- und Rheinaufwärts, der Verkehr mit Lothringen und Frankreich durch die Vogesenpässe und weiter durch den Schwarzwald und über seine Engen in die Donauebene nach Ulm, Regensburg und den Orient. Straßburg in der Mitte des Rheinbeckens mit einer strebsamen und streitbaren Bevölkerung, die bereits im 10. Jahrhundert ein eignes Stadt-

recht besaß, war die geborene Handelsmetropole des Oberrhein-
thales und beanspruchte im Mittelalter für sich eine Stellung von
internatiönaler Bedeutung, ähnlich wie Cöln für den Niederrhein.
Dem Handel und der Lage verdankt die Straßenburg ihre zahlreiche bürgerliche Bevölkerung, die aber Jahrhunderte lang unter
dem Bann des Krummstabes geknechtet lag. Als sie im Jahre
982 von Kaiser Otto III. Stadtfreiheit und Weichbildrecht
empfing, werden als Zünfte angeführt: Sattler, Kürschner, Hand-
schuhmacher, Schuster, Schneider, Müller, Küfner, Becherer,
Schwertfeger, Oebstler, Weinleute. Im Jahre 1417 hatte Straßburg bereits 20 Zünfte, worunter die Schifferzunft den ersten
Rang erhielt. Des Bischof's Gerechtigkeiten wußten mit der Zeit
die „Gottesleute" und Ministerialen, des Königs Diener aufzu-
heben, und die Macht des Patriciates brachen zu ihrer Zeit die
Zunftgenossen, die Vertreter der handarbeitenden Stände. Straßburg's Entwicklung von der Königspfalz zum Bischofssitz, durch
das Patricierregiment zur Gemeindefreiheit, sein durch Lage und
Betriebsamkeit aufblühender Handel, seine selbstgeschaffene Metall-
und Tuchfabrikation bildet wie die wenig anderer Städte am
Rhein ein Spiegelbild von der Arbeit der Cultur, die aus ver-
schiedenen Faktoren hervorgehend alle Hindernisse überwindet und
die naturgemäßen Bahnen wandelt. [25])

Nach Chur, „dem obersten," Kostniz, „dem größten," Basel,
„dem lustigsten," Straßburg, „dem edelsten" Bisthume, gelangen
wir auf unserer Culturfahrt zu dem bekannten Trifolium:
Speyer, „dem eifrigsten," Worms, „dem ärmsten," Mainz,
„dem würdigsten" unter den zehn rheinischen Bischofssitzen. Das
Brüderpaar, ein par nobile urbium, Speyer und Worms, verdankt seine Bedeutung den alten Bischofssitzen, der Einmündung
der großen Straßenzüge quer durch die heutige Rheinpfalz hinüber nach Lothringen, mit dem fünf Pässe das Rheinthal von

der Querch bis an den Donnersberg verbinden, der starken umwohnenden fränkischen Bevölkerung, die ihre Edelinge zu den rheinfränkischen Herzögen nach Worms und dem Bischofssitze zu Speyer sandte, und endlich seiner centralen Lage im Rheinbecken. Für das untere Rheinbecken haben Speyer-Worms mit ihren Nachbarstädten, Landau, Neustadt, Oppenheim, Alzey u. A. dieselbe Bedeutung, wie Straßburg für den südlichen, Mainz für den nördlichen Theil. Speyer und Worms brachten deshalb bald das Stapelrecht für die Rheinschifffahrt an sich, und jedes Schiff mußte hier entweder die Waaren auf der Städte Schiffe verladen oder sie im Kaufhaus den Bürgern ausstellen.

Von Alters her waren in dieser Gegend von den ostfränkischen Königen und nachher von den Karolingern die Maifelder, die Reichsversammlungen abgehalten worden; auch wurden die Könige hier auf salischem Boden unter freiem Himmel öfters gekürt. So konnte es nicht ausbleiben, daß in diesen Gauen sich eine lebhafte Sympathie für die Reichsgewalt trotz allem geistlichen Drucke entwickelte. Die Treue der Bürger von Worms und Speyer gegen die bedrängten salischen Kaiser ist bekannt, deren Stammbesitzungen gerade hier von Worms nach Speyer zu und vom Rhein bis an das Hartgebirge lagen. So wurden Worms und Speyer im 11. Jahrhundert mit einer Reihe von Immunitäten bedacht, welche die Grundlage des rapiden handelspolitischen und des sozialen Aufschwunges dieser Reichsstädte waren.

Am 18. Januar 1074 erließ Heinrich IV. eine Dankurkunde für die Wormser, nach der sie zum Lohn solcher Treue vor allen Andern als die Würdigsten erhöht werden, und deß zum ehrenhaften Zeugnisse, Juden wie die übrigen Wormser, von allen königlichen Zollstätten gefreit sein sollten: nämlich zu Frankfurt, Boppard, Hammerstein, Dortmund, Goslar und Angern. Aus dem späteren Freibriefe von 1112 geht hervor, daß die Wormser schon damals das jus armorum, das Recht des Waffentragens hatten.[37]) Der Freibrief von Speyer ward von Heinrich V. am 14. August 1111 ausgestellt. Die Bürger der Stadt, worin die Grabmäler der deutschen Kaiser liegen, wurden frei vom Budtheil, d. h. der Abgabe des besten Stückes einer Erbschaft, von allem Zoll in der Stadt, vom Bau- und Schutzpfennig, einer Reichssteuer, vom Gerichtszwange außerhalb der Stadt, von allem Drucke des Hofrechtes, dem 100 Jahre früher Straßburgs Altbürger und Zünfte erlegen waren. Das Münzrecht, das Speyer schon vorher zustand, bestätigte und erweiterte er.

So waren Worms und Speyer unmittelbare freie Reichsstädte geworden.

An Stelle des römischen Mogontiacum war Schutt und Moder getreten. Doch hier, wo das Rheinbecken endet, wo die Vereinigung des Main's mit dem Rhein die Schiffahrt stets anlocken mußte, wo ein natürlicher Stapelplatz sich befand, wo die Mainstraßen sich kreuzten mit der Rheinaxe, entstand in Merowingerzeit näher am Strome im Schutze der St. Johanneskirche ein neuer Ort, das fränkische Mainz. Die Natur der Gegend hat die Ansiedlung zu einer Festung bestimmt. Bald umschlossen Mauern die königliche Pfalz, die Kirchen und Kapellen, die Gehöfte des fränkischen Adels, die vielen Hütten der Leibeigenen. Des Königs Aufenthalt und das Ansehen des zahlreichen Klerus, in dessen Mitte der Primas von Deutschland die Provincia Mogontiana mit dem Pallium lenkte, gab der Stadt ein vornehmes Gepräge. Hier im Angesichte der Herrschergewalt des ersten Kirchenfürsten des heiligen römischen Reiches deutscher Nation entwickelte sich zwar eine zahlreiche Kaufmannsgilde, die mit dem Stapelrecht den Mainhandel beherrschte, allein weit später als anderswo der Hauch communaler und sozialer Freiheit.

Erst nach Speyer ward es vom Budtheil befreit, und die Verleihung des Bischofs Adalbert gab der Bevölkerung, die Mitte des 12. Jahrhunderts noch ungemischt aus Stadtadel, Gottesleuten und niederem Volke bestand, nur unvollkommene Freiheit. Häufige Aufstände der Mainzer gegen der Bischöfe Druck, von denen Arnold die Bürger „Hunde, die zwar bellen, aber nicht beißen konnten" nannte, zeugen von dem unnatürlichen Verhältniß, in dem die Stadt gebannt lag. Die Folge des Druckes der Priesterherrschaft und der starken Besatzungen war die Schwächung des bürgerlichen Freiheitstriebes. Der Geist der Mainzer Kaufleute ward minder energisch als der der Frankfurter. Mainz ward Bischofsstadt und Soldatenlager, Frankfurt das Emporium des Handels und des Bürgerstolzes.[29])

Der Durchbruch des Mittelrheins von Bingen bis Bonn war von der Natur nicht zur Anlage eines größeren Centrums bestimmt. Die kleinen Orte Bacharach, Caub, St. Goar, Boppart, Oberlahnstein, Engers, Andernach, Linz, Bonn hatten nur Bedeutung für die Schiffahrt und als Zollstationen. Hier hausten auf den Felsenvorsprüngen des engen Rheinthales die Lehensleute der drei Erzbischöfe von Cöln, Trier und Mainz, die Amtmänner der Kurpfalz und andere Dynasten, und nahmen dem passirenden Kaufschiffe rechtlich und widerrechtlich Zoll, Abgaben und Waaren ab. Coblenz erhielt erst eine, wenn auch nur secundäre Bedeutung, nachdem der Erzbischof von Trier, Megingaud, Anfang des 11. Jahrhunderts seine Residenz nach diesem, damals noch offenen Flecken verlegt hatte. Hier war dann später eine Hauptzollstation. Die Zollrolle vom Jahre 1104 läßt ein interessantes Licht auf die Handelsverhältnisse von damals fallen. Die Niederländer mußten Metallwaaren, Käse und Fische abgeben; die vom Rhein Pfennige, Wein und Wachs; Schwerthändler gaben das zehnte Schwert u. s. w.[30])

Am Niederrhein hatte, wie schon oben erwähnt, kein Ort die Verheerungen der Völkerwanderungen so kräftig überdauert, wie die natürliche Metropole des Niederrheins, „das heilige Cöln." Seit den Merowingerzeiten war dieser Platz eine feste Stadt und eine Königsburg. Die Wittwe Pipin's von Heristall barg hier ihre Schätze. Nach dem Aufstande gegen den herrschsüchtigen Erzbischof Anno und dessen blutigem Siege erschien die volkreichste und nach Mainz erste Stadt des Reiches Ende des 11. Jahrhunderts wie verödet; das Schweigen des Schreckens herrschte dort, wo früher Lebenslust und Genuß. Unter den Saliern erhielt sie wieder seine selbstständige Stellung und befolgte seit Anfang des 12. Jahrhunderts eine eigene Politik, die sich gegen Zwingherrschaft von Seiten der weltlichen und kirchlichen Herren kehrte. Anfang des 14. Jahrhunderts war der Streit zwischen Erzbischof und Stadtgemeinde zu Gunsten der Autonomie letzterer beigelegt. Kaiser Albrecht entschied den Kampf. [31])

Während dieser durch Kampf ausgefüllten Periode und beruhend einerseits auf der dominirenden Lage der Stadt, andrerseits auf dem Freiheitssinne ihrer Bürger hatte sich die Handelsthätigkeit Cöln's entfaltet, der an Ausdehnung bis in das sechzehnte Jahrhundert, bis zur Entdeckung Amerika's, dem Aufblühen der holländischen und englischen Städte, und andern Umständen kein anderer Verkehrskreis in Mitteleuropa gewachsen war.

Von der Natur zum Marktplatze für die Waaren des Niederrheines, für Wolle, Tuch, Metallindustrie und die Produkte des Landes, für Getreide, Fische, Käse u. s. w. bestimmt, mußte die Stadt bald durch das umfassende und unnachsichtlich geübte Stapelrecht eine Herrschaft am Rheine einzunehmen, die ihre Stellung bald weit hinaus über die eines Centrums für Lokalverkehr und Platzindustrie erhob. Schon früh trat dies Emporium mit anderen nieder- und mittelrheinischen Städten in Bündnisse zusammen, zu denen die Anregung meist von ihr ausging, da sie am ersten an Handelseinigungen, Zollverhältnissen, Schutzgeleiten u. s. w. interessirt war. Später schloß sich die betriebsame Stadt dem hanseatischen Städtebund an, und Cöln ward die Chorführerin und Hauptstadt des „rheinischen Städtequartiers." So finden wir cölnische Handelsniederlassen fast zu gleicher Zeit im 12. Jahrhundert im Norden, in England, wo eine Urkunde Heinrich's II. allen seinen Beamten und Dienern befiehlt, die Bürger und Kaufleute von Cöln, „seine Getreuen," wohin sie in seinem Lande auch kommen, mit ihren Gütern und Besitzungen zu schützen. Eine andere Urkunde von demselben König nimmt ihr „Haus in London" in seinen königlichen Schutz.[32]) Bis in die erste Hälfte des 14. Jahrhunderts stand Cöln thatsächlich an der Spitze des nach England hinüberstrebenden deutschen Handels, und die Cölner mit ihrer seit 1388 gestifteten Hochschule wurden für den britischen Norden die Culturbringer.

Schwieriger war den Rhein hinauf in Concurrenz mit Mainz, Straßburg und Basel die Anknüpfung von Handelsbeziehungen mit Italien und den Städten in der Poebene. Doch auch dies glückte durch Vorsicht und Klugheit, und für das Alter und die Wichtigkeit dieses Verkehres spricht die Thatsache, daß die Cölner Mark zu Venedig seit 1123 als Münzgewicht gesetzliche Geltung hatte.[33]) Dies setzt schon feste Handelsverbindungen voraus. So kamen nun den Rhein hinab italienische Produkte, Wein und Seide, Oel und Früchte, dazu von Venedig und Genua aus die Waaren der Levante, Gewürze und Metallwaaren, und dafür wanderten Rheinauf getrocknete Fische und Pelzwerk, Tücher und feine Leinengespinnste. Auch in die Niederlande und nach Flandern vermittelten die Cölner Kaufherren den Verkehr, und wie sie in London und Bergen, in Venedig und Genua Depots besaßen, so auch in Brügge und Antwerpen. In östlicher Richtung zogen ihre Karawanen längst Ruhr und Lippe nach Westphalen und Sachsen, und aus den Slavenländern durch Vermittlung von Bremen und Hamburg kamen in die Rheinstadt Wachs und Leinwand, Honig und Bernstein. So bildete Cöln allmählich nicht nur für das Rheinland oder für Norddeutschland, sondern für den ganzen Handel und Verkehr Mitteleuropa's, einerseits von der Themse und der Nordsee bis an den Po und das Mittelmeer, andrerseits von der Elbe- und Odermündung bis zur Schelde und Maas die umfassende Vermittlerin. Bei dieser internationalen Ausdehnung des Handelsgebietes, bei diesem umfassenden Austausch der Waaren von Osten nach Westen, von Norden nach Süden können wir diese Stadt im Bunde mit Hamburg und Lübeck als die Gründerin der großen Handelsgenossenschaft des Mittelalters, der Hansa, betrachten. Ihre Einheit brachte die deutsche Hansa, d. h. „das Band", zu Stand, nachdem schon vorher Cöln, Bremen, Lübeck Hansafreiheit in England erlangt hatten, d. h. Handelsfreiheit als unabhängige Korporation.³⁴)

Die Folgen der Handelshoheit und der Ausbildung der Stadt auf den Gebieten der Verfassung sowie der Wissenschaften und der technischen Künste waren tief eingreifend für die rheinische Cultur und somit auch für die deutsche.

Die Cölner standen das Mittelalter hindurch an der Spitze des niederrheinischen Handels, und cölnische Städteverfassung und cölnisches Recht dienten den Gesetzgebungen vieler Städte, besonders in Norddeutschland zum Muster. Ebenso weite Geltung durch ganz Deutschland und bis nach England und Italien verschafften sich cölnische Münzen und cölnische Maße und Gewichte. Eine solche Stadt wie Cöln mit so weitreichenden Verbindungen und einem solchen Confluxe von Menschen mußte auch auf natürlichem Wege ein Hauptsitz der Industrie und Manufaktur werden.

Unter einer Bevölkerung von 150,000 Seelen, die Cöln im Mittelalter hatte, mußte sich eine Reihe von lohnbringenden Industriezweigen entwickeln. Besonders sind es die Tuch- und Wollenweber von Cöln, die mit ihren Produkten den Welthandel versorgten, und von hier aus verbreitete sich dieser wichtige Industriezweig am ganzen Niederrheine. Die später blühenden Manufakturstädte wie Mühlheim, Krefeld, Elberfeld, Solingen, Düsseldorf u. A. verdanken die Gründung ihrer Industriezweige in Leinen und Metall Auswanderercolonien der Stadt Cöln, und so bildete diese Stadt, deren Wichtigkeit nicht hoch genug angeschlagen werden kann, nicht nur einen politischen, sondern auch einen merkantilen Mittelpunkt für eine Reihe von Städten am Niederrhein.

Ein solches Centrum mußte, angeregt durch seine Kirchenfürsten, die abwechselnd den mächtigsten Dynasten am Niederrhein angehörten, die Grafen von Altena, die Herren von Hochstetten und von Heinsberg, die Grafen von der Mark, von Mörs, von Dhaun, von Wied, und die später aus den ersten herrschenden Familien des deutschen Reiches, der Reihe der Erzherzöge von Oesterreich und der Herzöge von Bayern entnommen wurden, unterstützt von den reichen Kaufherren, die in Kleidung und Mode, in Sitte und Luxus die tonangebenden Faktoren weithin in den deutschen Landen waren, auch eine hohe Bedeutung als Sitz der vornehmsten Schulen, der Wissenschaften, der Künste und der Künstler gewinnen. Auch in dieser Beziehung, als herrschende Culturmacht am Niederrhein dehnte die Stadt Cöln ihren Einfluß soweit aus, als der Stab ihrer Bischöfe reichte, als ihre Frachtwagen und Schiffe gingen.

Die, wie schon erwähnt, 1388 gestiftete Hochschule wurde bald die vornehmste in ganz Niederdeutschland, und erreichte als Vertreterin des Katholicismus denselben Einfluß, wie im Rheinbecken Heidelberg als Leuchte des Humanismus. Die Werke der Cölner Malerschule dienten bis hinab zu den Niederlanden als Muster, schmückten weit hinauf am Rheine die Altäre der Kirchen und die Fenster. Noch größeren Einfluß gewann die Cölner Bauhütte mit ihren Denkmälern, die am ganzen Niederrhein für Stadt und Dorf die willkommenen Vorbilder lieferten. Die Kirchen St. Severin und Maria auf dem Kapitol aus dem 11. Jahrhundert bilden auf dem Gebiete des romanischen Stiles so gut die Muster, wie später im Reiche der Gothik das Wunder des herrlichen Domes bahnbrechend ist. So führt am Niederrhein in jeder Beziehung das Mittelalter hindurch Cöln die Herrschaft, und für die gebildete Welt Mitteleuropa's brachte dies Centrum Jahrhunderte lang die regste Vermittlung, bis sie seit der Entdeckung Amerika's diese Rolle theilweise abgeben mußte an die holländischen und englischen Städte.[35])

Bevor sich im Rheindelta die Seestädte Amsterdam und Rotterdam zu der wahrhaft schwindelnden Höhe erhoben hatten, die sie im 15. und 16. Jahrhundert einnahmen, war die friesische Wiltaburg der Sitz christlich-germanischer Cultur. Gegründet vom Friesenapostel Willibrord 696 entfaltete sich hier eine verhältnißmäßig glänzende Culturstätte, das Ultrajectum = Utrecht,[36]) der Bischofssitz im Mündungslande des europamüden Rheinstromes. Mit ihrer zugleich „kornreichen und luftigen" Umgebung ward diese Priesterresidenz die Hauptstadt der gesammten nördlichen Niederlande, so lange die unentsumpften Niederungen noch nicht zu Anbau und Reichthum erweckt waren. Auch hier jedoch erwachte der freie Bürgergeist, und Heinrich V. bestätigte den Utrechtern die Privilegien unter der Bedingung der Reichstreue. Erlangter Reichthum und die Sonne des Verkehrs erweckte überall am Rhein unter der Priester Krummstab und des kaiserlichen Vogtes Schwert das Selbstbewußtsein der

Macht und die Ideen sozialer und communaler Freiheit. Nicht nur die Luft machte die Rheinländer frei und frank, vor Allem der Verkehr und das Steigen des Ueberblickes, die Erweiterung des Horizontes und der Einfluß des materiellen Wohlbefindens. —

Haben wir bis jetzt nach dem Untergange römischer Herrschaft am Rhein das Erwachen des Christenthums in den Rheingauen, seine Verbreitung von hier nach Osten und seinen Einfluß als der Basis der christlich-germanischen Welt skizzirt, und andrerseits angedeutet, wie die alten rheinischen Centren, voran Basel, Straßburg und Cöln getragen von der nie versiegenden Gunst der Lage und unterstützt von dem Einflusse der Geistlichkeit, die in ihnen den Stützpunkt ihrer Macht erkannte, sich neu entwickelten als die Eckpfeiler der deutschen Cultur, welche vor Allem die Summe fremder Culturerscheinungen auf den heimischen Boden mittelst des rastlosen Handelsverkehrs übertrug, so haben wir jetzt mit kurzen Worten die politische Bedeutung des Rheinlandes, seine Stellung als Hauptsitz der deutschen Könige und der römischen Kaiser, sein Verhältniß zu den weltbewegenden Ereignissen des Mittelalters, dem Kirchenstreite und den Kreuzzügen anzugeben. Andeutungen müssen bei dieser Unmasse von Stoff an dieser Stelle genügen.

Die Merowinger liebten es, wie alle fränkische und germanische Großen, nicht in ummauerten Städten, sondern auf Höfen, den sogenannten Pfalzen zu wohnen. Hier umgeben vom frischen Eichwald, in Mitten ihres Gesindes lebten sie ihrer Lieblingsneigung, der Jagd. Solche Königshöfe lagen überall am Rhein, besonders aber dort, wo der fränkischen Macht Hauptsitz war — am Niederrhein. Zu Dispargum, wahrscheinlich dem heutigen Duisburg, saß Klodio, der erste Merowinger, und seinen Nachkommen war dieser Ort stets die vornehmste Königspfalz.[37]) Auch die Karolinger, die gleichfalls vom Niederrhein abstammten, bevorzugten als ständige Sitze diese Gegenden, und die kaiserliche Residenz des großen Karl war bekanntlich das Heilbad Aachen. Allein jetzt bei der Verbindung Alemanniens mit dem Reich, bei der hervortretenden Bedeutung von erwachsenden Centren für Krieg und Frieden,, wie Mainz und Worms, Frankfurt und Straßburg, war das Reichsoberhaupt genöthigt, auf die bedeutsame Stellung des Rheinbeckens Rücksicht zu nehmen, und so sehen wir den gebietenden Karolinger öfters in den Mauern von Worms, des alten Burgundensitzes, die hohen Feste feiern, sehen in Lorsch und Michelstadt drüben im Odenwalde seine Vertrauten geistliche und weltliche Reichsgeschäfte betreiben, sehen ihn endlich seinen Lieblingssitz in der Nähe des Metropolitanen von Mainz zu Ingelheim nehmen und selbst drüben zu Frankfurt die energischen Vorbereitungen zum Hauptschlage gegen die Sachsen betreiben. So theilte, als das Frankenreich noch bis zum Ebro und der Tiber reichte, als das im Wesen gallisch gebliebene Westfrancien noch den eigentlichen Schwerpunkt der Karolinger bildete, als der Zug nach Rom nichts Anderes bezweckte, als das offizielle Siegel auf die faktische Erneuerung des römischen Imperiums aufzudrücken, schon das Rheinbecken mit dem Niederrhein die Ehre den römischen Kaiser deutscher Nation, den restitutor imperii romani auf seinen gesegneten Fluren zu beherbergen. Schon damals, als der Slave und der Avare, der Chalife und der Normannenfürst, die Botschafter zu den Reichstagen nach Aachen und Paderborn zogen, bildete die Rheinlinie und besonders der untere Theil des Rheinbeckens von Speyer bis Mainz **des Reiches Axe und Mittelpunkt**. [38])

Durch den Vertrag von Verdun, der das Frankenreich drittheilte, hatte die politische Bedeutung des Rheinlandes gelitten, da der geographische Mittelpunkt des neuen Deutschlands mehr in den Main- und Donaugegenden als in den Rheingauen lag.

Obwohl nun, mit Rücksicht auf diese Thatsache und auf militärisch-politische Maßnahmen Ludwig der Deutsche gezwungen war, nach Regensburg des neuen Reiches Residenz zu verlegen, trat doch alsbald nach der Theilung Lothringen's, durch den Vertrag von Mersen hierin eine Aenderung ein. Darnach und nach späteren Abmachungen kam das Land im Osten und Norden der Maas, jenes an der Mosel, das auf beiden Seiten des Rheins und im Jura, das Elsaß und ein Stück Burgundiens an Ludwig den Deutschen, der darnach von Tullum, Virodunum und Cameracum bis Passuwa, Erpesfurt und Magadeburg gebot. Obwohl nun damals Ende des 9. Jahrhunderts Frankfurt ein offener Flecken war, verlegte dennoch Ludwig der Deutsche hieher seinen Hofhalt, um dem Rheine, dem jetzigen Mittelpunkt seiner Macht nahe zu sein.[39]

Und von da an dauerte dies Verhältniß der Rheinlande zu den Herrschern im Reiche ein halbes Jahrtausend, bis die Besitzthümer der Habsburger im Osten und ihre falsche Sonderpolitik damit eine Verschiebung der Reichsgewalt nach Osten hervorriefen. Verfiel unter den schwachen Nachfolgern Ludwig's des Deutschen im 9. Jahrhundert die Schöpfung Karl's des Großen, brachen im Süden die räuberischen Ungarn über die Donaulande und den Oberrhein ein, während im Norden bis Cöln herauf die beutelustigen Normannen brandschatzten, so baute sich unter der Ottonen kraftvollem Regimente ein deutsches Reich auf mit einem energischen Königthum, das von der Idee der Reichseinheit ausging, und das die schon divergirenden Elemente des Kirchenregimentes, des hohen Adels und der aufstrebenden Städte zu einem organischen Ganzen zu verbinden bestrebt war. Während das Lehenswesen im Kampfe mit der Gemeindefreiheit besonders auf dem Lande entschieden die Oberhand gewann, waren es die alten Municipalverbände, die diesem seit den Karolingern übermächtig andrängenden Faktor dieses fremden romanischen Wesens die Spitze boten, und sie wurden hierin unterstützt von der Königsmacht, die sich in den Mittelpunkt der Dinge stellte, das Wohl der Gesammtheit in's Auge faßte, den Uebermuth der mächtigen Lehnsherren, besonders der Herzöge, brach und den gemeinen Mann gegen Vergewaltigung schützte. Dieser stete Kampf der Reichsgewalt gegen die centrifugalen Elemente unter den Ottonen hatte zur Folge, daß kräftige Herrscher, wie Otto der Große, zur steten Wanderung von einer Pfalz zur andern genöthigt waren, daß die Reichsgewalt keinen andern festen Mittelpunkt hatte, als die Person des Königs. So blieb das Rheinland in seinem Einflusse dennoch ziemlich intakt unter einem Herrscherhause, das im fernen Sachsen seine Kraft, Fülle und Ursprung besaß, dessen Heimathshöfe in der goldenen Aue zu Memleben und Quedlinburg, nicht zu Lüttich und Mainz lagen. Der vorige Culturgang am Rhein ging seinen Schritt weiter, und in den Wellen des stolzen Stromes spiegelten sich die stattlichen Dome zu Constanz, Mainz, Worms und an anderen Orten, die der Ehrgeiz und der Kunstsinn der Kirchenfürsten errichten ließ.[40])

Hatte König Otto I. das Herzogthum Franken, das Land, dessen Bewohner den gesegnetsten Landstrich von der Lauter bis an die Weser, von der Nahe bis an die Regnitz inne hatten, an das sich bis jetzt die vornehmsten Erinnerungen der germanischen Stämme knüpften, aufgehoben, und so Franken seines selbstständigen Führers und somit eines Theiles seiner Bedeutung beraubt, so änderte sich das Verhältniß zu Gunsten dieser centralen Länder, als im Herbste 1024 die glänzende Versammlung der deutschen Fürsten und Edelinge das alte Maienfeld zwischen Worms und Mainz bezog, und des deutschen Reiches Vertreter am 8. September nach Vorgang des Erzbischofes von Mainz den Salier Konrad, den Aeltern, zum deutschen König erwählten. Die Güter seiner Familie lagen theilweise an der Lahn zu Weilburg und Limburg, theilweise im Worms- und Speyergau, am Hartgebirge, wo das alte Römercastell Limburg die Residenz seiner Linie bildete. Er, dem Alles daran lag, das allen Zufälligkeiten ausgesetzte Wahlreich zu einem erblichen Kaiserthume umzugestalten, mußte dafür zu sorgen, daß seine Hauptmacht sich erweiterte, und seine Besitzungen am Rhein, die benachbarten rheinischen Städte, das Land am Mittelrhein von Straßburg bis Mainz sollte nach den Ideen des Salier's den geographischen und politischen Mittelpunkt der neuen Weltmonarchie bilden. Speyer und Worms hatten alle Aussicht, die glänzenden Centren dieses Reiches zu werden.[41])

Haben nun auch die Könige aus dem Hause der Salier dies ihr gestecktes Ziel nicht erreicht, hierin besonders gehindert durch den großen Kirchenkampf, auf den die beiden Heinriche alle ihre Kräfe verwenden mußten, um nicht in dem Streite zwischen Theokratie und weltlicher Ordnung zu unterliegen, so machten sie durch ihre häufigen Besuche, die zahlreichen Reichstage, die sie hielten, die kaiserlichen Privilegien, die sie ertheilten, die Städte Worms und Speyer zu ihren Hauptwohnsitzen und Waffenplätzen. Die ganze mittelrheinische Gegend bewies in den schweren Tagen der Kämpfe der Reichsgewalt Deutschlands gegen die welsche Bevormundung und geistliche Unterdrückung die Treue gegen die Reichsgewalt, und im Gegensatz zu vielen übrigen hohen Kirchenfürsten stand selbst Bischof Rüdiger Hatzmann von Speyer ohne Wanken auf Seiten des abgesetzten und gebannten Kaisers, den der Machtspruch Roms und die Untreue seiner Vasallen in den Tod gejagt hat.

Auch unter den Erben und Nachfolgern der Salier, den Hohenstaufen behauptete das Rheinbecken und besonders das Kleeblatt der drei Reichsstädte Speyer, Worms und Mainz seine singuläre politische Stellung. Residirten doch so viele Staufer auf dem Felsensitze, dem Trifels, zu Haupten des getreuen Annweiler! Als Konrad, Herzog von Franken, des Sachsen Lothar Gegner, den Kampf um den Thron begann, ist das Erste, daß er sich der Stadt Speyer versichert.⁴²) Dafür hatte sie auch eine Belagerung durch den König Lothar auszuhalten, nach deren Aufhebung Konrad vor seinem Zuge nach Italien seinem Bruder Friedrich, Herzog von Schwaben, die fernere Vertheidigung dieser Stadt übergiebt. Waren auch nicht alle Hohenstaufen Freunde der emporstrebenden Städte bezüglich ihrer Absichten auf communale Selbstständigkeit, so weilten sie doch vor Allem in den rheinischen Schwesterstädten, hielten hier meist die Reichstage ab und überhäuften sie mit Wohlthaten.

Hier am Mittelrhein, dem Mittelpunkte des politischen und geistigen Lebens damaliger Zeit, war es auch, wo die großen, weltbewegenden Ideen jener Periode ausgetragen wurden, von wo aus Heinrich IV. zum Zuge nach Canossa aufbrach,⁴³) wo er selbst bei seinen Ahnen seine letzte Ruhestätte fand, wo sein Sohn den Waffenstillstand zu Worms mit der pästlichen Macht schloß, wo endlich der Gedanke, die Kreuzesfahne im Osten zu entfalten, zuerst in Dentschland mächtig zündete.

Es waren der Priester Gottschalk und der Graf Emrich von Leiningen, die am Mittelrhein ihren Kreuzzug mit der Erstürmung aller Judenstraßen und Synagogen von Straßburg bis Mainz eröffneten, bevor die rheinischen Fanatiker unter den Streichen der Sarazenen ihr Blut ließen.⁴⁴)

Es war zu Speyer, im Wunderwerke des Domes, wo Bernhard von Clairvaux, inmitten der andächtigen Menge, des Adels vom Breisgau und Rheingau, der Bannerträger des Papismus, nach greller Schilderung des jüngsten Gerichtes, an den Kaiser Konrad III. sich persönlich wandte und ihm den Richterstuhl

Christi vorhielt, bis der Hohenstaufe, von Rührung übermannt und in Thränen aufgelöst ausrief: "Ich will, ich will!" Die Blüthe der deutschen Ritterschaft sank dann im fremden Boden, ihm selbst brach das Herz und zwei Jahre nach seiner Rückkehr von Palästina starb zu Bamberg der sieche Konrad, den die Geschichte den "Kreuzträger" nennen kann.[45]

Und wirklich liegt dies ganze Land, das man früher Herzogthum Ostfrancien nannte, und dessen Haupttheil später das Kurfürstenthum der Pfalz bildete, damals in der Mitte des deutschen Reiches, des deutschen Kernvolkes.

Von der Südgrenze des ehemaligen Herzogthums Francia occidentalis, der Abtei Weißenburg, aus ist es zu den Reichsgrenzen am Genfersee die gleiche Entfernung, wie im Norden von Bingen aus zum deutschen Meer. Und vom Nahegau bis zum Grenzpfahl des Herzogthums Lotharingen reicht dieselbe Linie, um das Deutschthum zu durchziehen, die man von den Ostgrenzen Francien's, dem Lande der Oberhessen, bis zu den Slavenansiedlungen an der Elbe braucht und andrerseits zu den Colonien der Bajuwaren in der fernen Ostmark.

Für den Kern der germanischen Stämme, die doch den Grundton der Bevölkerung des deutschen Reiches bildeten und bilden, war die Landschaft am Mittelrhein der geographische Mittelpunkt, dessen westlicher Theil allerdings dem Andringen des französischen Geistes mehr als alle andere Theile ausgesetzt war.

Lotharingen und Burgund, Schwaben und Baiern, Thüringen und Sachsen, umgaben schützend das fränkische Centralland, von dem aus den Rheinstrom hinauf, und längst der vielen und mächtigen Nebenflüsse, der Mosel und des Mains, der Lahn und des Neckars, der Aar und der Regnitz, die Königsstraßen und Heerwege zu den Sitzen der deutschen Fürsten und Bischöfe, den Städten und Klöstern im übrigen Deutschland führten.⁴⁶)

So mußte im Mittelalter, in der Zeit der engen Verbindung zwischen den Interessen der Staatsgewalt und dem Erwachsen der Städte, in der Zeit, wo von Italien aus die Kirche die ganze Weltmonarchie der römischen Kaiser deutscher Nation zu beherrschen den Anlauf machte, in der Zeit, wo die Cultur der Städte am Po und an der Adria sich fortsetzte in dem Erwachsen und Wiedererwachen der rheinischen Niederlassungen, ein Land der Träger der culturellen Ideen, der despotischen Machtstellung, der kirchlichen Omnipotenz, der sozialen Entwicklung, werden, das wie das Rheinland und besonders der Strich von Straßburg bis Cöln, durch Geschichte und Natur, durch die Eindrücke der Gallier und Römer, der Heidenapostel und der Karolinger, den energischen Stromlauf und das fruchtbare breite Thal, die deutschen Rebenthäler und die nach Links und Rechts übergreifenden Thalarme, dazu prädestinirt war eine dominirende Stellung zwischen dem celtisch-germanischen Westen und dem slavisch-germanischen Osten einzunehmen. Und diesen historischen und natürlichen Verhältnissen entsprechend geht auch der weitere Gang der Erregung und Entwicklung der Cultur im Rheinlande vorwärts.

In der Zeit der Hohenstaufen, der natürlichen Erben der Salier, die den schwäbischen Rittern zum großen Theil ihre rheinischen Güter vererbt hatten, stieg die Bedeutung der Rheinlande wo möglich noch höher. Der Investiturstreit mit seinem langen Bürgerkampfe, der Auflehnung der Fürsten und Adeligen, der Bischöfe und Aebte gegen des Kaisers Regiment, hatte die Individualität der einzelnen Stände des Reiches ganz bedeutend gestärkt. Das deutsche Fürstenthum besonders am Rhein, wo die stolzesten Geschlechter der fränkischen und schwäbischen Edelinge am Sieg und Lahn, am Neckar und im Hartgebirge hausten, hatte in dem Streite zwischen Kaiser und Papst eine freiere selbstständigere Stellung gewonnen. Schon beginnt man mehr in den Fürsten als in dem Kaiser das Reich zu sehen; schon spricht man von Kaiser u n d Reich. ⁴⁷) Das Lehnsleben durchdrang in Folge dessen alle Verhältnisse; die alte Gemeinfreiheit, zwischen Thür und Angel gestellt, schwand dahin. Nur in die Städte drangen die Ordnungen des Feudalismus nicht ein; nur hinter ihren starken Mauern war ein Asyl gegen die Bedrückungen des Lehnsgrafen bis herab zu den Plackereien der Raubritter. Die Bürger bewahrten die Waffenehre, die der freie Bauer eingebüßt hatte. ⁴⁸) Waren nun auch die Hohenstaufen, besonders Friedrich Barbarossa in der ersten Hälfte seiner Regierung, den Freiheitsgelüsten der Deutschen und besonders der rheinischen Städte weniger günstig, als die Salier, gesinnt, so galt dies einem Streben, das in seiner Konsequenz zur Schwächung der Centralgewalt hätte führen müssen. Die Bewegung der lombardischen Städte, das Trachten nach kommunaler Unabhängigkeit, eigene Wahl der Konsuln, Erringung der Jurisdiktion, Aufhebung kaiserlicher Zölle u. s. w. mußte seine Rückwirkung äußern auf die geographische Fortsetzung der oberitalienischen Städte, die großen Centren am Rhein: Straßburg, Speyer, Worms, Mainz, Cöln. Mit dem Mitgefühle eines gemeinsamen Standes, einer Corporation betrachtete man am Rheine die Triumphe des Kaisers und das Unterliegen der mannhaften Kommunen in der südalpinen Ebene. Der kaufmännische Verkehr, die Auswanderung vieler Mailänder nach süddeutschen Städten brachte auch in des Rheines Gaue den Zündstoff, der hier zu Versuchen von städtischen Verfassungen sich entwickelte, dort in offenen Empörungen und sozialem Aufruhr nervös explodirte. So mußte, wie schon erwähnt, der Aufruhr zu Mainz mit Waffengewalt niedergeschlagen werden, „die Kommune" in Trier wurde aufgehoben, und Friedrich I., der in den Schutzgilden und Innungen Verschwörungen witterte, erneuerte auf dem Felde von Roncalia das Verbot gegen alle Genossenschaften, Sippschaftvereinigungen, Verbänden zwischen Stadt und Stadt, Person und Person; kurz mit einem Worte das Recht Vereine und Verbände zu bilden, das Vereins- und Assoziationsrecht ward in jener kritischen Zeit suspendirt. Solche kritische Zeitläufe mußte das deutsche Bürgerthum mit Kraft und Klugheit überstehen.[49]) Und bald trat ein Umschlag ein! Nach dem Constanzer Frieden sah der Rothbart den Werth eines reichstreu gesinnten Bürgerthums ein, und er selbst war es nun, der der Entfaltung dieser Kraft durch Ertheilung von Privilegien und Neugründung von Ansiedlungen zu Hülfe kam. So legte er am Rheine die Reichsstädte Hagenau und Gelnhausen an und erhob Rothenburg an der Tauber und Kaiserslautern im Hartgebirg zu freien Städten. Die überquellende Lebenskraft der rheinischen Städte, deren eine, Cöln, gegen den trotzigen Pfalzgrafen Konrad ein ganzes Heer von 120,000 Mann aufstellte, war nicht mehr durch Polizeimaßregeln zurückzuhalten. Damals entstanden Centren wie Lübeck und München, und das ganze 13. Jahrhundert dauert besonders vom Rheine aus die Bürgerwanderung an, welche das baltische Meer und das ferne Siebenbürgen dem deutschen Geiste eroberten. Die Uebervölkerung wandte sich der Kolonisation des Ostens zu.[50])

Im Kampfe der Welfen mit den Waiblingern standen die rheinischen Städte meist auf Seite der letzteren und suchten bei dieser Gelegenheit, da ihnen die königliche Huld einen sicheren Hinterhalt bot, die Gewalt und die Rechte der Bischöfe abzuschütteln. Um dieses Joch gemeinsam abzuwerfen, verbanden sich die rheinischen Städte im 13. Jahrhundert zu Bündnissen, deren erstes schon 1220 zwischen Mainz, Oppenheim und Worms erscheint. Sechs Jahre später sehen wir aus einer Urkunde Heinrich's VII. die rheinischen Städte Mainz, Bingen, Worms, Speyer, Frankfurt, Gelnhausen, Friedberg in ein Schutz- und Trutzbündniß gegen den Erzbischof von Mainz getreten, das Heinrich VII., ein Städtefeind, aufhob.[51]) So vorübergehend auch diese Bündnisse waren, so hatten sie doch den Erfolg, dem Prinzipe der Konföderation in Deutschland Bahn gebrochen zu haben. Ein neues Motiv zu Verbänden trat Mitte des 13. Jahrhunderts ein, als nach dem Untergange der Hohenstaufen während dem Interregnum überall am Rheine das Faustrecht herrschte, und die kleinen und großen Blutsauger des Verkehrs ungestraft die Waarentransporte brandschatzten und die Kaufherren in ihre Verließe schleppten. Diese Landräubereien, sowie die vielen ungerechten Zölle, welche den Verkehr zu vernichten drohten und somit den Lebensnerv der rheinischen Städte angriffen, brachten den großen rheinischen Städtebund zu Stande, der wesenlich gegen das emporgewachsene Raubritterthum gerichtet war. Die meisten Burgen am Rheine günstig auf hervorspringenden Bergen gelegen, bewohnt von einem Ritterstande, dessen Gefühlsschwärmerei und idealer Thatendrang in dem aufreibenden Bürgerkriege abgenommen und bis zur Rohheit des Raubritterthums und der Straßenräuberei herabgesunken war, luden zu dieser rohen Pressung und diesem traurigen Handwerk ein. Ueber den damaligen Zustand am Rhein berichtet Zorn in seiner Wormser Chronik: „Damals stand es in Deutschland und fürnehmlich am Rheinstrom also, daß, wer der stärkste war, der schöbe den Andern in den Sack, wie er kunt und mogt; die Ritter und Edelleuth nährten sich aus dem Stegreif, mordeten, wen sie kunten, verlegten und versperrten die Päße und Straßen, und stellten denen, die ihres Gewerbes wegen über Land ziehen mußten, wunderbarlich nach."

Bei diesem traurigen Zustande des Handels und Verkehrs war es ein Mainzer Bürger Arnold Walpodo, der der Stadt

Mainz zu einem eidlichen Verbande mit Nachbarskommunen rieth. Diesem Bunde gegen Raubritter und Zollerhebung trat zuerst die alte Freundin Worms bei. Bald folgten Oppenheim und Bingen. Und nun lief das Bündniß wie ein Schnellfeuer den ganzen Rhein entlang. Am 13. Juli 1254 einten sich genannte Städte, sowie Cöln, Speyer, Straßburg, Basel, die Erzbischöfe von Mainz, Cöln, Trier, die Bischöfe von Worms, Straßburg, Metz, Basel und außerdem viele rheinische Grafen und Edlen, darunter die Herren von Katzenellenbogen, Leiningen, Ziegenhain u. A., theils freiwillig, theils von den Städten gezwungen zur Errichtung **eines Landfriedens**. Nach einem Jahre gehörten dem Bunde sämmtliche Städte am Rhein, die am Main, in Hessen, in Westphalen, bis nach Bremen hinauf an, ebenso die meisten rheinischen Fürsten und Adelige, darunter Pfalzgraf Ludwig von Baiern. König Wilhelm beschwor zu Worms am 6. Februar 1255 den Landfrieden mit vielen Fürsten und Herren und den Gesandten der Städte. So ward der Bund vom Reichsoberhaupte sanktionirt und legalifirt. Auch Regensburg, Würzburg und Nürnberg traten im nächsten Jahre dem Bunde bei, der sich in so kurzer Zeit den Rhein entlang, über Westphalen, in den Donau- und Maingegenden, ja selbst nach der Nordsee hin ausgebreitet hatte.[52])

Die Träger der innern Entwicklung dieses gewaltigen Bundes waren die **Städtetage**, d. h. Bundesversammlungen, die einmal des Jahres abwechselnd zu Cöln, Mainz, Worms, Straßburg stattfanden. Mainz und Worms sind die Häupter des ganzen Bundes; jener oblag die Vertretung der niederrheinischen Städte, dieser die der oberrheinischen. Jede Stadt und jeder Herr hatte zu den Städtetagen vier Deputirte zu stellen. Die bewaffnete Macht des Bundes bestand aus 600 Kriegsschiffen und schlagfertiger Mannschaft zu Fuß und zu Roß.

So sehen wir ein vollständiges Verfassungsgebäude aufgeführt: in Mainz und Worms zwei Bundeshäupter, eine berathende und eine gesetzgebende Versammlung, eine bestimmte Kriegsmacht; außerdem Gesetze und Bestimmungen bis in's Detail in Bezug auf Feinde und Bundesglieder. Wie natürlich aber ging die Wirksamkeit des Bundes über Niederlegung von Raubschlössern und Aufhebung von Zöllen hinaus. Zu Mainz beschloß man im Frühjahr 1256: keinen als König anzuerkennen, der nicht einstimmig gewählt sei, das Reichsgut zu wahren und die Wahlversammlungen zu besuchen. Es war nicht nur ein kommerzieller, sondern bereits ein politischer Bund, der in den Zeiten der Noth das Reichsinteresse wahrte. Die Folge davon war die, daß in Zukunft neben den Bischöfen, Fürsten und Herren die Vertreter der Städte auf den Reichstagen erschienen. Später erhielten sie eigene Städtebänke, und im Laufe des 16. Jahrhunderts brachten es alle Städte zur wirklichen **Reichsstandschaft**.[53]

Die rheinischen Städte waren somit in den Zeiten, wo die Reichseinheit in Stücken zu gehen drohte, die erhaltenden Kräfte dieser Idee; sie waren die Vorkämpfer des dritten Standes. Der rheinische Städtebund steht, als die Welt der Lehensmonarchie in Trümmer zerfiel, als der Prophet einer kommenden, neuern Zeit da; er steht endlich da als die Vertretung des Rechtes und der Gesittung in einer zucht- und ordnungslosen Zeit, als der Bannerträger deutscher Sitte und deutscher Cultur.

Mochte auch der umfassende Bund im Laufe des 13. Jahrhunderts zerfallen, theilweise aus politischen Gründen; neue Bündnisse einigten die Hauptvertreter dieser Ideen; der Reichstag zu Worms 1268 half von Reichswegen den Bedrückungen ab und suchte die Garantien eines sicheren bürgerlichen Lebens aufzustellen; endlich traten die rheinischen Städte dem großen schwäbischen Städtebund bei, dem sie seit Ende des 14. Jahrhunderts angehören. ⁵⁴)

Wollen wir nicht nur die nationalen Verhältnisse am Rheinstrome würdigen, sondern auch die internationalen Cultureinflüsse sowie die Vermittlerrolle in Betracht ziehen, welche hierbei der Rheinstrom spielte, so müssen wir jetzt unsere Aufmerksamkeit auf einen Punkt lenken, dessen Bedeutung ebenso sehr aus der Geschichte wie aus der Lagerung der Rheinlande hervorgeht. Der neue geistige Mittelpunkt, den das Papstthum in gesteigertem Grade seit den Bannstrahlen und den Ideen Gregor des VII. bildete, mußte vor Allem auf den Staat wirken, in dessen Grenzen der Gedanke der Kirchenreform aufgetaucht war, auf Frankreich. ⁵⁵) Seitdem geht ein frisches Wehen des Geistes durch dies Land; die Nation erwachte dort aus langem Schlummer zum mächtigen Thatendrang, der Ritter und Geistliche zu den Kreuzzügen fortriß. Aber tiefer noch als der Einfluß, den Frankreich auf die Rheinlande und Deutschland bezüglich der Theilnahme an den phantastischen Fahrten in den Orient äußerte, war die Bewegung, die sich, ausgehend von einem idealen Ritterthume und der Errichtung geistlicher Orden, ausprägt in der Veränderung der Literatur und der Kunst.

Was dem Sänger an der Loire und an der Rhone in Leid und Freud, in Liebe und Haß, die Brust hob, das vertraute er seinen Liedern an, und dieser lyrisch-subjektive Charakter hielt in Folge der Verbindung des Ritterthums in Frankreich und in Deutschland, in Folge der gemeinsamen Kriegsfahrten in den Orient, in Folge des intensiv gesteigerten Ideenreichthums der Westlande seinen siegreichen Einzug auch in die Herzen seiner Nachbarn, des rheinischen Adels und der rheinischen Sänger. Auf der anderen Seite gestalteten im kühleren Norden Frankreichs gelehrtere Meister auch die alten Heldensagen um nach dem kirchlich-ritterlichen Geiste jener gefühlschwangeren Zeit. Sie gaben sich Mühe den Romanen von Karl dem Großen, dem Macedonier Alexander, der Trojasage, von König Arthur und seiner frohen Tafelrunde, von den Abenteuern der nordischen Recken festere Gestalt, neues Versmaß und dem Zeitgeiste angepaßten Inhalt zu geben. Es entstand nach beiden Richtungen eine **französische Nationalliteratur**, und beide Richtungen: die lyrische und die epische begannen voll zu wirken auf die Länder, wo noch zum Theil stammverwandtes Blut in den Adern der Bewohner strömte.[56]

So sangen am Rheine die Minnesänger ihre Leiche und Lieder in der von den Franzosen erhaltenen, kunstgemäßen Ausbildung; so Walther von der Vogelweide, Gottfried von Straßburg, Wolfram von Eschenbach, Konrad von Würzburg, Rudolf von Ems und hundert Andere. Sie spielten in der Glanzperiode des deutschen Ritterthums an den Höfen der Großen, bei Königsmahlen, Krönungen und Reichstagen ihre Weisen von Minne und Sitte, Kaiser und Reich, Vergangenheit und Zukunft, vom Gral und von Parcival.

Und auch der alten Heldensagen von Sigfrid, dem Drachentödter, und Krimhild, der Burgunderbraut, von Hagen, dem Getreuen, und Günther, dem Könige zu Worms, die entstanden auf rheinisch-fränkischem Boden im Munde des Volkes nie ausgestorben waren, sondern vermischt mit Geschichte und Mythe der Zeiten Läufe überdauert hatten,[57] auch deren bemächtigte sich **die Romantik der Minnesänger und die Kunst der Ritterdichtung**. Die alten Stoffe wurden im Geiste der christlich-ritterlichen Sinnesart zusammengestellt und überarbeitet, ihre volksmäßige Reinheit wird mit fremden Zuthaten versehen und das nach dem damaligen Sinne Anstößige ausgemerzt. So entstanden die uns jetzt vorliegenden Epen: das Nibelungenlied und die Gudrun, beide Produkte des volksthümlichen Sagenstoffes, den der Geist der Romantik umformte, beides Reste der alten rheinischen Volkspoesie, dessen Glieder noch mächtig durch das neue Gewebe schimmern, Stücke des Goldes, das der Rheinstrom an's Ufer warf.[58])

Doch nach dem Untergange der Hohenstaufen verging auch diese blühende Epoche des ritterlichen Minnegesanges. Mit dem Aufkommen der den Ritterhelm tragenden Landräuber endete auch der höfische Ton und der ideale schwärmerische Geist eines Walther und eines Gottfried. Mit dem Verschwinden dieses an hellenische Traditionen erinnernden Gesanges, der auf den rheinischen Burgen, an den Höfen des Pfalzgrafen vom Rhein und der Herren im Breisgau und im Elsaß, laut ertönte, trat wie auf dem Schauplatz der Politik und der materiellen Macht so auch auf dem der Literatur das bürgerliche Element an Stelle des adeligen. Mit dem Verfall der höfischen Poesie, der Ersetzung der hochfliegenden Lyrik durch spießbürgerliche Moralpredigerei stieg die Literatur herab von den Bergen in die Thäler, hernieder von den hochragenden Zinnen in die engen Gaßen der bürgerlichen Ansiedlungen. Auf dem Gebiete des Epos wurden die Heldensagen der alten Zeit meist von talentlosen Köpfen erweitert und gesammelt. Dies gab das kleine Heldenbuch. Im Gebiete der Lyrik verdrängte zuerst das Volkslied die zur Allegorik und Panegyrik vertrocknete Ritterdichtung. Veit Weber verherrlichte die Burgunderschlachten und Muheim die Tellsage. Das Volk, allmählich frei durch sich selbst vom Drucke der Klerisei und der adeligen Buschklepper, ließ seine Gefühle in Liedern wiederklingen.

Vor Allem am sangeslustigen Rhein ward solche Lust geübt, und die Limburger Chronik wird mit besonderem Bezuge auf die rheinischen Volkslieder sprechen, wenn sie von solchen anführt „die man in deutschen Landen sang und die gemein waren zu pfeiffen und zu wampen zu aller Freude durch ganz Deutschland." 59)

Aber auch die Kunstpoesie nahm, von den Schlößern der Fürsten und Adeligen vertrieben, seit dem 14. Jahrhundert seine Zuflucht in den deutschen und vor Allem in den rheinischen Städten.

Muster und Vorbilder waren den Meistersängern die späteren Minnesänger, ein Reinmar von Zweter, Regenbogen, Muskatblüt. Die erste Innung — denn streng abgemessen waren im Mittelalter selbst der Dichtkunst Formen und Regeln — bürgerlicher Sänger soll Frauenlob zu Mainz gestiftet haben. Die älteste bekannt gewordene Titulatur der Dichtregel ist die der Meistersängerschule von Straßburg. Tonangebend waren und blieben die Schulen der rheinischen Reichsstädte Mainz, Frankfurt, Straßburg, Nürnberg. An der Donau waren es Augsburg, Regensburg, Ulm. Vom Rhein und von der Donau aus verbreitete sich diese bürgerliche Kunstpoesie nach dem Osten bis Breslau, nach dem Norden bis Danzig. In Minne- und Meistergesang bildete der Rhein die Vorbilder für die deutschen Lande 60).

Aber nicht nur auf dem Gebiete der Literatur war es das Rheinland, welches zwischen dem erwachenden gallisch-französischen Geiste und dem in Individualitäten sich spaltenden germanischen Volksthume die Vermittlerrolle übernahm und im Mittelalter behauptete, auch auf dem Gebiete der Kunst und besonders auf dem der Architektur fiel den rheinischen Gauen diese Rolle zu. Kunst und Wissenschaft hatten in Frankreich überhaupt einen weicheren und geeigneteren Boden gefunden und zwar in allen Schichten der Bevölkerung, als in Deutschland, wo nur einzelne Klassen den bildenden Samen bei sich aufnahmen. Schon die größere Beweglichkeit und Lebhaftigkeit des Volkscharakters dort drängte dahin eine fortgesetzte lebendigere Entwicklung zu suchen. So zeigt auch die Architektur Frankreichs im Gegensatz zu den erstarrten Formen des romanischen Stiles in Deutschland im 10.—12. Jahrhundert eine lebendige Beweglichkeit, eine eingehendere Detaildurchbildung, ein rastloses Streben nach einem neuen Ideal. Im Gegensatz zur harmonischen Ruhe der deutschen Bauten entwickelte sich in Neugallien eine buntere Mannichfaltigkeit, gesteigert bis zur Phantastik. Literatur und Kunst entsprachen sich auf gallischem Boden.[61]

Die Gründung der großartigen Abtei Cluny Anfang des 10. Jahrhunderts war entscheidend für die Entwicklung der Architektur geworden. Von dieser Mutterkirche des Cistercienserordens erhielt die Kirchenbaukunst mächtige Anregung. Der Geist der Ritterlichkeit, der keine beschauliche Ruhe, sondern frischen Kampf wollte, hielt seinen siegreichen Einzug in Frankreich auch in der Baukunst der Kirche. Der Spitzbogen und das Strebesystem des gothischen Stiles, das allmählich in Frankreich und am Rhein an die Stelle des Rundbogens und der einfachen Wölbung trat, sind die äußeren Kennzeichen dieses den Schematismus verachtenden freien Geistes, dieser den Sieg des Idealen über das Materielle ankündenden Bauart. Ihre erste Pflege erhielt diese neue Kunst, die nicht nur Kirchenbauten umgestaltete, sondern auch den Ritterburgen neue Gestalt verlieh und die Rathhäuser und Paläste der Bürger zu Cöln und Straßburg mit Giebeln und Streben schmückte, im Nordosten Frankreichs. Die Notre-Damekirche zu Paris, die Kathedralen von Laon und Rheims, Noyon und Langres leuchteten mit ihren Thürmen und Chören ins Land hinaus, und von diesen Städten kamen die treuen Baumeister in das Rheinland.[62]

In jener Periode, im Verlaufe des 13. Jahrhunderts, sind am Rheine vom Ursprung bis zu seiner Mündung einzelne Theile im gothischen oder besser im französischen Stile an allen größeren und kleineren Bauten umgebaut worden. Repräsentanten des neuen Stiles auch im Aeußeren sehen wir aus jener Epoche bereits in der Kirche zu Gelnhausen, im Dome zu Limburg, im Dome zu Bamberg; Anfänge des gothischen Stiles verbreiten sich, wie man an Einzelheiten an der Kirche St. Sebald bemerkt, vom grünen Rheine aus bis an den gelben Strom der Pegnitz. Das System der Hallenkirchen geht am Rhein von den Domen zu Mainz und Paderborn im Beginne des 13. Jahrhunderts aus, macht in Deutschland dem Basilikenschema den Boden streitig und entwickelt sich von da aus in einer ganzen Reihe von Bauwerken in Westphalen bis zu den Ufern der Weser und der Elbe.[63] Die Bauhütten der großen Kathedralen am Rhein, zu Basel und Straßburg, zu Trier und zu Cöln, waren die Centralpunkte, wo sich beeinflußt von französischen Ideen der deutsche Geist in seinen herrlichen Bauwerken fast bis zur vollendeten Schönheit griechischen Formensystemes erhob.

Bei dem selbstbewußten Geiste, der im Rheinlande zu dieser Periode in den Herzen des Adels und der Bürger glühte, bei dem Reichthum, den eigne Produkte und Transithandel in des Rheines Fluren brachten, war eine Einwirkung des neuen französischen Baustiles auf die Profanbauten unausbleiblich. Jetzt thürmen sich zu Altheidelberg', dem Sitze des Pfalzgrafen, die Zinnen und Söller des Schloßes, jetzt erheben sich um der Bürger stolze Patricierhäuser zu schützen der Ringmauern und Bastionen trotzige Quadern, jetzt entstehen in den blühenden Industriestätten am Niederrhein zu Brügge und Ypern, Löwen und Antwerpen die stilvollen Rathhäuser und Gildehallen. Die Bauwerke, die das Auge des Fremden am Rhein entzücken, die

hochstrebenden, schlanken, gothischen Dome, die eleganten Mauer-
thürme der Städte, die trauten Giebelhäuser, die gezierten Thore,
die ganze in Stein gesetzte Poesie des Mittelalters, deren Pläne
und Zeichnungen Mappen und Prachtbücher heut zu Tage füllen,
verdanken der großen Culturperiode des 13.—15. Jahrhunderts
Gedanken und Ausbau. Dicht- und Baukunst erfüllten des
Rheines prangende Ufer damals mit ihren Denkmalen.[64])

Und ist es bei diesem eminenten Leben, das drei Jahrhunderte
lang die Adern des Rheinlandes voll durchströmte, bei dieser Höhe,
die alle Seiten des Culturlebens hier erreichten, bei der Rolle,
die in der Politik des Rheines Insassen, Geistliche und Fürsten,
Edelleute und Bürger spielten, bei diesem steten Kampf um's
Dasein, der die Städte auf der Wacht am Rhein erhielt gegen
der großen Herren Gelüsten, der die Innungen zum steten Streite
trieb gegen der Patricier Alleinregiment, bei dem Aufschwung
des Handels, der sich im mächtigen Strome zog vom Bodensee
bis an das deutsche Meer, von Lothringen bis an der Regnitz
Ufer, bei den erhabenen Leistungen der Kunst, die den Glorien-
schein flicht um des Rheinstromes Stirne, bei dem Betrieb der
Wissenschaft und Literatur, der zu Heidelberg und Cöln die ersten
Hochschulen schuf, der die rheinischen Poeten zu Straßburg und
Pforzheim, einen Sebastian Brand und einen Reuchlin, einen
Agricola und einen Murner, singen und lehren, spotten und
lächeln ließ, — ist es bei diesem Anspanne aller geistigen und
moralischen, socialen und politischen Kräfte anders denkbar, als daß
gerade im Rheinlande der Strom der Cultur zwei Erfindungen auf
die Spitze seiner Wellen trug, die im Rheinlande gemacht, dazu
bestimmt waren, die Geschicke der Menschheit in neue Bahnen
zu lenken, einer neuen Zeit zum Durchbruche zu verhelfen. Beide
gleich bedeutend waren allein geeignet der Mitwelt zur materiellen
und geistigen Freiheit zu verhelfen; und es war kein Zufall, daß

die zerstörende Kraft des Pulvers und die bildungverbreitende Macht der Lettern gerade an des Rheines Ufern zuerst zur energischen Anwendung kam. Solche Erfindungen, deren Werth alsbald erkannt, und deren Idee von dem Willen und dem Wissen Tausender unterstützt wird, sind nichts als die Resultate langer, vorbereitender Thätigkeit, deren Vorstadien unbekannt, aber nothwendig sind.

Wie aus dem langsam im Wasser aufgelösten Salze, dem Auge plötzlich, aber nur möglich nach längerem chemischen Prozesse, die Krystalle aufschießen, wie nach langer Ehe mit der klugen Metis plötzlich aus des Zeus Haupte Athene springt, — dem Laien ein Wunder, dem Kenner nur dira necessitas — also der Erfindungen Geschichte. Nach langem Prozesse in der Stille ein lauter Spruch des Gerichtes!

Also müssen dem denkenden Blicke diese beiden Erfindungen erscheinen, von denen es die erste möglich machte, daß die Technik des Bürgers mit überlegener Waffe des Raubritters Beutenester ausholte, daß die Massenhaftigkeit an Stelle der Mannhaftigkeit, das Heer an Stelle des Herrn trat, von denen die zweite bewirkte, daß ihre Geschosse der Geistlichkeit Monopol auf Bildung vernichteten, daß Licht und Aufklärung, Wissen und Bildung zu allen Ständen drang, und daß die nachfolgenden weltbewegenden Ideen des Humanismus und der Reformation das Gewand erlangten, in dem sie sich dem ganzen Volke in ihrer wahren Gestalt und richtigen Farbe zeigen konnten.

Läßt sich auch die eigentliche Erfindung des Schießpulvers nicht für das Rheinland in Anspruch nehmen — schon Chinesen und Araber kennen ähnliche Compositionen —, so doch die energische Verwerthung desselben für militärische Zwecke. Das Straßburger Geschütz war im ganzen Mittelalter, wie schon erwähnt, hochberühmt, und wollte der Mönch zu Freiburg auch eine

Mischung der Alchemie und kein Composit der Chemie entdecken, der Ruhm der glücklichen Anwendung und der Ausbildung der Technik dieser bahnbrechenden Erfindung bleibt dem Rheinthale bewahrt. Aehnlich verhält es sich mit der Erfindung der Buchdruckerkunst. Zerlegbare Lettern mag bereits der Harlemer Laurenz Koster angewandt haben, aber diese fruchtbare Idee zuerst in Verbindung mit anderen technischen Vortheilen und zur energischen Anwendung gebracht zu haben, dies Verdienst gebührt dem Mainzer Bürger Johann Gutenberg und seinen Gehilfen Fust und Schöffer.[65] —

Wenden wir auf die Culturbedeutung der Rheinlande im Mittelalter einen letzten Blick zurück, so erblicken wir hier den ganzen Strom der Entwicklung in allen seinen Phasen branden und tosen gegen die sonnigen Gestade dieser gottbegnadeten Ufer.

Nach dem Dunkel des Mittelalters geht der Gedanke der Humanität aus von den Gründern des Christenthums; vom Rhein aus dringt dies siegreich vor nach dem Osten und dem Süden. Die Basis der Rheinlande bot der neuen Lehre sicheren Rückhalt, politische und materielle Unterstützung. In den alten Centren der Römer erwächst unter der Merowinger und Karolinger Herrscherstabe unterdessen ein anderes blühendes Leben. Handel und Verkehr herüber von Italien erwecken die scheintobten Gilden und Innungen zur Auferstehung. Mannhaft ringt das niedere Volk, stark durch Industrie und Technik, gegen des Klerus geistigen und des Adels politischen Machtdruck. Die Reichs- und Freistädte werden die Mittelpunkte unabhängigen, bürgerlichen Lebens. Innerhalb der Mauern der Städte beginnt, wie im alten Rom, der soziale Kampf der ehemaligen Leibeigenen gegen die Altdahiesigen und die Geschlechter. Auf Grunde errungener bürgerlicher Freiheit sehen wir in diesen Städten die Basis gelegt zum Hauptträger des modernen Staates, zum britten Stand, der Alles geworden ist und Nichts war, zum **deutschen Bürgerthume!**

Und während vorher der **hohe Adel** in Literatur und Poesie der Bannerträger der Entfaltung war, während vorher das Erblühen von Wissenschaft und Kunst in den Händen der **Geistlichkeit** ruhte, wird jetzt der Strom der Cultur, der aus Galliens Gefilden vom Nordwesten und vom Süden her eindringt, in die Straßen und auf die Plätze der rheinischen Städte gelenkt und geleitet.

Und während die durch die freigewordenen Träger der Lehensverfassung, die Territorialherren, zu einem Polizeiregimente herabgewürdigte Reichsgewalt mehr und mehr ihren Sitz an die Donau nach Osten verlegt, und am Rheine die centrifugalen Staatselemente von Adel und Fürsten, Bischöfen und Städten, nicht mehr im Stande sind, dem Einflusse des wälschen Nachbars auch auf dem Gebiete der Politik zu widerstehen, werden am Rheine die Kinder geboren, die bestimmt sind, auf geistigem und moralischem Gebiete die Macht der Feudalherrschaft zu stürzen: die Lettern und das Gewehr.

So bildet das Rheinthal im Mittelalter den Ausgangspunkt und das Centrum der europäischen Culturwelt und der Weltmonarchie, und als der theokratische Cäsaropapismus in Stücken fiel durch die aufstrebende Gewalt der nach Freiheit ringenden Einzelfaktoren, ist es wiederum das Rheinland, in dessen Gauen eine neue Sonne aufgeht, die nach den religiösen und politischen Wirren und Stürmen des 16. bis 18. Jahrhunderts eine neue Zeit und eine neue Culturepoche in Mitteleuropa bestrahlen sollte.

Anmerkungen.

Vorbemerkung: Eine Periode, wie die auf den vorhergehenden Seiten behandelte, umfaßt mehr oder minder die ganze Entwicklung der europäischen Cultur während eines vollen Jahrtausends. In Rücksicht auf den Raum dieser Blätter, vor Allem aber auf den Zweck dieser Vorträge, die ohne den wissenschaftlichen Charakter aufzugeben, in verständlicher Form die Hauptresultate der Forschung dem gebildeten Publikum vorlegen sollen, kann hier in den Anmerkungen nur in soweit Rücksicht auf Quellenmaterial genommen werden, als es das thatsächliche Interesse am Gegenstand bei den Lesern sowie die Führung kurzer Nachweise verlangt. In diesem Sinne mögen die folgenden kurzen Bemerkungen und Citate beurtheilt werden. Sie sollen die Stellen nicht erschöpfen, sondern anregend auf den Leser weiterwirken.

1) Ueber das herrlichste Bauwerk der Römer am Rhein, die Porta nigra zu Trier vgl. die Arbeit von Dr. P. A. Linde: Die Porta nigra und das Capitolium der Treviris. Eine gute Beschreibung der römischen Cultur am Rhein zur Zeit der Völkerwanderung giebt J. Leonardy: Geschichte des Trierischen Landes und Volkes S. 292—336.

2) Ueber Alemannen und Franken vgl. A. v. Werfebe: die Völker und Völkerbündnisse des alten Deutschlands; daß die Germanen kein mystischer Zug nach dem Westen trieb, sondern die Realität lockender Verhältnisse giebt auch F. Dahn zu in einem Vortrag: die treibenden Kräfte der deutschen Geschichte von den Urzeiten bis zum westphälischen Frieden; vgl. Frankfurter Journal 1877 Nr. 298. Vgl. außerdem des Verf. Aufsätze „Studien zur Völkerbewegung in Mitteleuropa" im „Ausland" 1877.

3) Vgl. Leonardy a. O. S. 286, und Mone: Urgeschichte d. badischen Landes II. S. 346.

4) Vgl. Leonardy a. O. S. 286—290; die Schilderung rührt vom Jahre 440 n. Chr. her; etwas übertreiben mag allerdings der rhetorische Kirchenredner.

5) Ueber Cöln's Zustände in dieser Periode vgl. die objektive Darstellung von Hegel in dem Werk: die Chroniken der deutschen Städte XII. B. S. IV—VII.

6) Argentoratum heißt caput Germaniarum im Itinerar des Antonin. Ueber Straßburg zur Frankenzeit vgl. Schöpflin: Alsatia illustrata I. S. 673—681 und Barthold: Geschichte der deutschen Städte 1. Th. S. 37—39.

7) Für die Fortdauer der romanischen Bevölkerung in den Rheinstädten zeugen außerdem die zahlreichen cyclopischen und rohen Verschanzungen in der Nähe der Rheinstädte, wie der Heidenmauer bei Straßburg, der Heidenmauer bei Kreuznach, der Heidenlöcher bei Deidesheim, der Heidenlöcher am Bodensee u. a. m., die nach Sage und Tradition — so die Heidemauer bei Straßburg nach Königshoven's Chronik — von den flüchtigen Romanen zur Zeit der Völkerwanderung bewohnt wurden. Auch die somatischen Eigenschaften der Rheinstädter zeugen für Fortexistenz des Romanismus: der im Allgemeinen breite Schädelinder, die dunkleren Haare und Augen innerhalb, als außerhalb der Mauern, manche Sprachreste u. A. Am Rheine aber erhielten sich auch Reste vorgallischer Bevölkerung. Zeuge dieser Thatsache mögen die Namen der Hörigen und Sklaven sein, die auf römischen Inschriften vorkommen; vgl. dazu J. Becker: die römischen Inschriften und Steinsculpturen des Museums der Stadt Mainz, S. 124—130; Brambach: codex inscriptionum Rhenanarum S. 369—374.

8) Ueber die Betriebsamkeit der Friesen vgl. Falke: die Geschichte des deutschen Handels 1. Th. S. 42—45; die Friesen hatten schon seit den ältesten Zeiten Standquartiere zu Worms und Speyer; am Mittelrhein liegt ein Ort Friesenheim u. s. w. Die Friesen waren auch von Einfluß auf die Gestaltung der deutschen Heldensage im Nibelungenliede.

9) Ueber der Alemannen Schiffahrt vgl. Wackernagel: kleine Schriften 1. B.; über die Schifferinnung zu Straßburg und das Schifferwesen am Oberrhein vgl. C. Löper: die Rheinschiffahrt Straßburgs S. 21—44.

10) Ueber die deutschen Ortsnamen am Mittelrhein vgl. W. Arnold: Ansiedelungen und Wanderungen deutscher Stämme, besonders S. 147—224 u. des Verf. „Studien zur ältesten Geschichte der Rheinlande" III. Abth. S. 12.

11) Ueber die alemannisch-fränkischen Grabfunde am Rhein vgl. an vielen Orten Lindenschmit: Alterthümer unserer heidnischen Vorzeit und des Verf. „Studien" III. Abth. a. m. St. Die Gleichartigkeit der Bevölkerung auf dem Lande beweisen Grabfunde, wie die von Alsheim und Selzen, wo fast alle Schädel zu den Langköpfen d. h. der germanischen Race gehören.

12) Ueber die Technik der Ansiedelungen und die Rodungen vgl. W. Arnold a. O. S. 241—287; dem Uebergange zum Ackerbau schreibt F. Dahn die Völkerwanderung zu; allein Arnold beweist, daß dieser Uebergang ein allmählicher war, und daß es so viel Land in den alten Gauen zu kultiviren gab, daß die Rodungen bis in das 13. Jahrhundert andauern.

13) Ueber das Christenthum im Reiche der Merowinger vgl. Ebrard: Handbuch der christlichen Kirchen- und Dogmengeschichte 1. B. S. 392—393; Bornhak: Geschichte der Franken unter den Merowingern 1. Th. S. 350—359; Hellwald: Culturgeschichte II. B. S. 34—42.

14) Ueber solche streitbare Kleriker vgl. Leonardy a. a. O. S. 360 und die Chroniken der deutschen Städte XII. B. S. VII.

15) Ueber Chlodwig's Taufe und Christenthum vgl. Ebrard a. O. 1. B. S. 390—391 und J. Scherr: Geschichte deutscher Cultur und Sitte S. 54—55.

16) Ueber die Missionsthätigkeit der Culdeer und die Ausbreitung des Christenthums in Deutschland vgl. Ebrard a. O. 1. B. S. 393—416; über die Bedeutung der christlichen Niederlassungen am Rhein vgl. die Bemerkungen bei Hausrath: die oberrheinische Bevölkerung in der Geschichte S. 9—10, sowie Einzelnes bei Scherr u. Hellwald a. a. O., sowie bei Kolb: Geschichte der Menschheit II. B. S. 42—70.

17) Ueber die Thätigkeit von Winfrid-Bonifazius vgl. Ebrard a. a. O. 1. B. S. 446—462.

18) Hausrath a. a. O. S. 6—7; vgl. auch Guthe: Lehrbuch der Geographie 3. A. S. 513.

19) Ueber die Lage und Entwicklung dieser Städte vgl. J. Kohl: der Rhein 1. B. S. 197—212, Guthe a. a. O. S. 515—516.

20) Ueber Frankfurts Gründung und Entwicklung vgl. Barthold a. a. O. 1. Th. S. 61, 90; 2. Th. S. 78; Kohl a. a. O. 1. B. S. 213—222; Guthe a. a. O. S. 516—517; Simrock: das malerische und romantische Rheinland S. 204—240.

21) Ueber die Geschichte dieser Alpenpässe vgl. Berlepsch: die Alpen S. 306—310.

22) Ueber Chur vgl. Barthold 1. Th. S. 41; Kohl 1. B. S. 139.

23) Ueber Constanz vgl. Barthold 1. Th. S. 41; Kohl 1. B. S. 151—153; Guthe S. 500.

24) Vgl. Falke a. a. O. 1. Th. S. 140; sonst über Basel vgl. Barthold a. m. O.; Kohl 1. B. S. 192—197; Guthe S. 513.

25) Ueber Straßburg vgl. die angeführten Werke von Falke, Kohl und Guthe a. m. O.; von älteren ist zu nennen Alsatia illustrata von Schöpflin; die innere Entwicklung Straßburgs in ihren Anfängen ist gezeichnet bei Barthold 1. Th. S. 145—152 und in Hegel's Aufsatz: die Chroniken der deutschen Städte VIII. B. S. 1—47; die Verkehrsverhältnisse vgl. bei C. Löper a. a. O. und bei demselben Verfasser in der Schrift: zur Geschichte des Verkehrs in Elsaß-Lothringen a. m. O.

26) Ueber das Stapelrecht dieser Städte vgl. Falke 1. Th. S. 140—142; über ihre Lage vgl. Kohl, Guthe, des Verf. Schrift: „Fahrten durch die Pfalz" a. m. O. und Simrock a. a. O. S. 91—106.

27) Vgl. Barthold 1 Th. S. 185 und Kolb: Culturgeschichte der Menschheit II. B. S. 172.

28) Vgl. Barthold 1. Th. S. 203—204 und C. Weiß: Geschichte der Stadt Speyer S. 17—19.

29) Ueber die Lage und Entwicklung von Mainz vgl. Simrock a. a. O. S. 143—204; Kohl 1. B. S. 222—227, Guthe S. 515, Barthold 1. Th. S. 185—187, Falke 1. Th. S. 82, 140.

30) Vgl. über Koblenz und seine Zollrolle, Barthold 1. Th. S. 132—133.

31) Ueber Cölns innere Entwickelung vgl. die zusammenhängende Darstellung von Hegel im XII. Bande der Chroniken der deutschen Städte S. VI—LIII; außerdem vgl. Barthold 1. Th. S. 154—159, 188 bis 191, 2. Th. S. 129, 188—196 u. s. f; über Cölns Lage s. bei Kohl, Guthe u. Simrock S. 454—474.

32) Ueber die Handelsstellung von Cöln vgl. Falke 1 Th. S. 142—147.

33) Vgl. Falke 1. Th. S. 114.

34) Ueber den Ursprung der Hansa und des Ausdrucks hansenbinden vgl. Falke 1. Th. S. 146—147.

35) Ueber den Cultureinfluß Cöln's vgl. Kohl 2. Th. S. 170 bis 180; über seine Bedeutung für die Baukunst Essenwein: Architektur S. 64.

36) Ueber Utrecht's Entwicklung vgl. Barthold 1. Th. S. 46 und 226, Kohl II. B. S. 511—513.

37) Ueber Dispargum vgl. Barthold 1. Th. S. 28; das Reich

der Merowinger schildert in Kürze Giesebrecht: Geschichte der deutschen Kaiserzeit 1. B. S. 76—84.

38) Ueber das Reich Karls des Großen vgl. in Kürze Giesebrecht a. a. O. 1. B. S. 106—144.

39) Vgl. Giesebrecht 1. B. S. 144—151, Barthold 1. Th. S. 61 u. 90.

40) Ueber die Culturbedeutung der Ottonen vgl. Giesebrecht a. a. O. 1. B. S. 277—295; über die Stellung des hohen Klerus zur Beförderung der Baukunst und die Bauthätigkeit in dieser Periode, Essenwein a. a. O. S. 61—63 und H. Otte: Geschichte der deutschen Baukunst S. 125, 147—149.

41) Ueber des Saliers Konrad Wahl vgl. Giesebrecht II. B. S. 217—227; über Konrads Plan zu einem erblichen Kaiserthum vgl. Giesebrecht II. B. S. 287—294; über die Bedeutung von Worms und Speyer zur Zeit der Salier vgl. H. Fuchs: Führer und Geschichte von Worms S. 25—39, Weiß a. a. O. S. 20—23, 28 u. s. f.

42) Vgl. Weiß a. a. O. S. 23.

43) Die Erzählung läßt Heinrich IV. von Trifels und von der Kästenburg bei Neustadt a. d. Hart zum Zuge nach Italien aufbrechen. Ueber den Trifels vgl. Faber: die Reichsfeste Trifels in der Geschichte und Lehmann Burgen und Bergschlösser der bayerischen Pfalz II. B. S. 40—100.

44) Vgl. die Bemerkungen von Hausrath a. a. O. S. 18—19.

45) Vgl. Weiß a. a. O. S. 24 u. Hausrath a. a. O. S. 20—21.

46) Zu dieser geographischen Stellung des Rheinlandes in der ersten Hälfte des Mittelalters vgl. C. Wolff: Historischer Atlas Nr. 3 und 4, sowie die Uebersichtskarte bei Giesebrecht I. B. von H. Kiepert. Auch in dieser Beziehung bildet die Reichsfeste und der Palast der Staufen auf dem Trifels sowie die Gegend von Hagenau bis Frankfurt den Mittelpunkt des damaligen deutschen Reiches.

47) Ueber das Verhältniß des Kaisers zu den Fürsten unter den Saliern nach Ende des Kirchenstreites vgl. Giesebrecht III. B. 2 Th. S. 1002—1004.

48) Vgl Giesebrecht III. B. 2. Th. S. 1004.

49) Ueber das Verhältniß Barbarossa's zum deutschen Bürgerthum und seiner Entwicklung vgl. Barthold 1. Th. S. 266—309.

50) Ueber die Kolonisationsthätigkeit in dieser Periode vgl. Barthold 1. Th. S. 272—281; über die in Siebenbürgen vgl. Fr. Maurer: die Besitzergreifung Siebenbürgen's; hier wird S. 76—77 der Antheil

der Cölner und Flanderns an der Gründung dieser Ansiedlungen bewiesen.

51) Ueber die ersten rheinischen Städtebündnisse vgl. K. F. Menzel: Geschichte des rheinischen Städtebundes S. 9—14.

52) Ueber die Entstehung und das Wachsthum des Bundes vom Jahre 1254 vgl. Menzel a. a. O. S. 20—30.

53) Ueber die Organisation und die Bedeutung des Bundes für die Entwicklung der Stellung der Städte vgl. Menzel a. a. O. S. 30—46.

54) Vergl. Menzel a. a. O. S. 66 und Barthold 2. Th. S. 204—225, 276—277, 4. Th. S. 40—87 u. f.

55) Ueber die Erstarkung des Romanismus vgl. Giesebrecht III. B. 2. Th. S. 1007—1112 und Essenwein: Architektur S. 69, 71 u. a. W.

56) Ueber die Entwicklung der französischen Nationalliteratur vgl. Scherr: allgemeine Literaturgeschichte 2. A. S. 108—116, 378—382, und Gervinus: Handbuch der Geschichte der Nationalliteratur der Deutschen S. 30—36, 72—78.

57) Ueber die Erhaltung des Nibelungenmythus am Rhein im Volksmunde vgl. des Verf.: im Nibelungenlande, mythologische Wanderungen a. m. O.

58) Ueber das Nibelungenlied des 13. Jahrhunderts vgl. Scherr a. a. O. S. 396—399, Gervinus S. 37—41 und die Werke von Vilmar, Weber u. A.

59) Scherr a. a. O. S. 399—401.

60) Scherr a. a. O. S. 394—396, Gervinus a. a. O. S. 97—99.

61) Essenwein a. a. O. S. 71—72.

62) Die Entwicklung und der Einfluß des gothischen Stiles auf Deutschland vgl. bei Essenwein a. a. O. S. 62—66 und 73—77. Mit Recht verlangt der Verf., man solle den romanischen Stil, der seine Ausbildung auf deutschem Boden erhielt, deutschen Stil nennen, besser seiner Entstehung nach den römisch-germanischen — vgl. H. Otto: Gesch. d. deutschen Baukunst S. 1—110 —; dagegen den gothischen Stil den französisch-deutschen taufen. Allerdings auch Namen haben ihr Schicksal und ihr historisches Recht!

63) Essenwein a. a. O. S. 76.

64) Im Allgemeinen über die Blüthe der gothischen Baukunst und speziell auch über die Profanbauten vgl. außer Essenwein S. 77—96,

Kolb a. a. O. II. B. S. 234—237 und Hellwald a. a. O. II. B. S. 269—270.

65) Ueber diese beiden Erfindungen im Allgemeinen vgl. Kolb a. a. O. II. B. 247—249 und Hellwald a. a. O. II. B. S. 272—275.

66) Zur Karte sei bemerkt, daß sie nach Spruner's historischem Atlas, sowie nach dem von C. Wolff mit Benützung der Schrift von W. Hugo: die Mediatisirung der deutschen Reichsstädte, die Bischofssitze, die Reichsstädte und die hauptsächlichsten Pfalzen am Rheinlande bis Ende des 13. Jahrhunderts angiebt. Einige Reichsstädte waren zwar schon vorher mediatisirt, so Nimwegen i. J. 1248, doch ist dieser Zeitpunkt der Karte blos ein approximativer. Freising und München sind miteinander als Erzbisthum bezeichnet, weil das Erzbisthum Freising-München hieß, und München meist der Sitz des Erzbischof's war. Bei den Territorien wurden in Rücksicht auf die Zeit der Salier und Hohenstaufen die alten Namen: Sachsen, Franken, Schwaben beibehalten; sie sind ebenso politisch, als ethnographisch von Wichtigkeit und Werth.

Druck von Gebr. Unger (Th Grimm) in Berlin, Schönebergerstr. 17a.